NEGOTIATIONS

谈判博弈

李力刚 · 著

中国商业出版社

图书在版编目（CIP）数据

谈判博弈 / 李力刚著． ——北京：中国商业出版社，2021.6

ISBN 978-7-5208-1542-0

I. ①谈… II. ①李… III. ①谈判学 Ⅳ. ①C912.35

中国版本图书馆 CIP 数据核字（2020）第 260240 号

责任编辑 朱丽丽

中国商业出版社出版发行

（100053 北京广安门内报国寺 1 号）

010-63180647 www.c-cbook.com

新华书店经销

三河市金元印装有限公司印刷

*

710 毫米 ×1000 毫米 16 开本 15 印张 150 千字

2021 年 6 月第 1 版 2021 年 6 月第 1 次印刷

定价：48.00 元

* * * * * *

（如有印装质量问题可更换）

序言

我太难了!

郑先生向我约稿，建议我出版一本新书，我的心一下子就跳到嗓子眼，我跟他说，我写不出东西，可他给了我N种方案说内容不是问题，但我还是心有余悸——快十年了，为了弄一本书，我逼自己用了将近十个月写了半本书，生个孩子都要顺产了，闹了一通笑话。明天他就要来上海和我谈书的内容，我已经可以预料我在摇摆中答应，然后在后悔中坚持。这次还会放弃吗?

与过去不同的是，我比原来自信些了:几年的体能锻炼，体能和意志力都比过去强，同样是写东西，现在脑子比原来好使，相对容易写得有血有肉，所以，为了逼着自己写，我答应了郑先生来拜访，我决定出书——生个孩子!

还有一个重要的原因是，讲了这么多年的课，很多人都盼着能看到一本配套的书。但，没有!曾经有一两本，在卖完之后我也没同意再版。呼喊得久了，我的客户有这个需求，我却总不满足人家，我也觉得自己残忍愚昧，重压之下，我哭着喊着也得写成这本书!

我也变了

一是变得更系统——我给出了完整的谈判武器库——三条路、三张牌、三步骤，高度浓缩了全部的谈判武器。为了听课，很多学友从外地赶来，就是想听听这完整的从未听过的谈判武器库。

二是变得有高度——我结合了易经、宗教、国学的经典，核心讲到了人性规律层面。然后再围绕人性展开交流、沟通、竞争与合作。都说凡是复杂的都不是规律，因此，我将谈判变成“布局、守局、结局”的谈判路线图，一听就懂，一学就会。

三是变得有深度——也就是更有实战性。今年春节后去厦门上了堂课，刚到厦门，就有人微信我：“李老师，我们今晚也到厦门了，虽然我们不能进厦大听您讲课，但我们在教室外等您，下午去机场我们送您去，我们就是专门从深圳来看您的，您的课程太实用了，我俩八年来看过无数遍您的光盘。”——我不光谈事，我还谈人。我将谈判引入了更深入的瞬间识人新领域，再通过识人展开精准的谈判，尽可能做到一招制敌，马到成功。

就会死磕

我这个人没啥特点，就是喜欢在一个问题上死磕，就是一定要追求自己认为的极致，所以课件经常改，逻辑经常修——其实就是跟自己过不去，这就是天性。但无论怎么弄，只有一个目标，就是必须符合人性——简单而实用。记得去年给长城汽车最高层上了半天课，我只用了一页PPT，把他们HR的同事给急坏了，一晚上强调了好几次让我改。我坚持了自己的做法，那就是必须简单，才能实用。结果第二天的课程，从总裁到副总裁们都很喜欢。

因此，我死磕谈判的逻辑，死磕谈判的系统，死磕谈判的步骤，形成了今天的“谈判路线图”。可是事清楚了，人呢？谈判中有形形色色的人，如何把人搞明白，我又开始死磕人性，我开始了探索，目的就是从中找出规律，简单实用地解决谈判。经过十多年的研磨，形成了这本《谈判博弈》。

如果你想三步解决谈判，步步紧贴人性；如果你想慧眼识人，肉眼穿心，请跟我来。

现在，开始谈判了！

目录

第一篇 谈判博弈

第二篇 销售谈判

第一篇 谈判博弈

在生活中，处处需要谈判。商务谈判的智慧，其核心主要体现在自然法则和社会法则的交融。实际上，一切生物都是奔着大能量在生长，也就是“万物生长靠太阳”，如植物有向阳性、动物有趋光性等。自然法则与社会法则其实没有区别，都遵循一个规律：小的动，大的定，小的围绕大的转。同样的道理，人的大小，往往决定其在社会的最终地位，所以谈判的核心就是比大小。

1

谈判原理与本质

去香港通关排队的时候，我包里放着两本书，其中一本就是霍金写的《时间简史》。翻完它，我拿着铅笔做了好多笔记，连香港的风景我都没看，就开始思索，寻找它和谈判的桥梁。我尤其喜欢霍金说的这句话：科学的最高境界就是只用一种理论来解决整个世界（而不是各个学科一种理论）。然后，我突然发现了它与易经和宗教的共同之处，都讲了三位一体的一样东西：能量！

过去，我说不清楚宇宙里有什么，今天我想说：只有能量，你和我，都是大小不同的一团能量而已，只是能量团的结构和质量大小不同。霍金告诉我们：宇宙最初是一个奇点，后来就大爆炸了。也就是说原来只有一团，后来形成了N多团能量，有大有小，但小的围绕大的转——这就是宇宙原理，它不光适用于大宇宙，也适用于任何小宇宙——人类生活的方方面面——因此，谈判也遵循这一规律。

在原子核中，电子围绕质子转；在家庭中，小孩围绕大人转；在社会中，普通人围绕领导者转；在宇宙中，月亮围绕地球转，地球围绕太阳转……总之，小的更动，大的更定。总结起来这个规律或原理就是：小的动，大的定，小的围绕大的转！

（1）人生的意义和谈判的动力

据说人生有三大哲学问题：我是谁？从哪里来？到哪里去？

小时候，我最怕死，所以很关心要到哪里去。这两年服侍了几位去世的家人，我对死亡的理解变得有些不一样了。他们像是睡着了，但灵魂去了哪里呢？如果你还没有答案，就来分享一下我对这三大哲学问题的思考。

我从哪里来？我是一团能量（广义的概念），由物质（固体、液体、气体）和能量（声、光、电——狭义的概念）共同组成，来自爸妈的一次偶然相遇产生的受精卵。我要到哪里去呢？只有一个归宿——往大处去——更长寿，更漂亮，更聪明，更有地位，更有胸襟——还能照顾更多的人——无论我们是生还是死，我们都希望别人对我们竖起大拇指，然后流芳百世，而不是遗臭万年。我们追求的就像奥运口号一样，更快，更高，更强。从希望做好一个普通人，到做成有光芒的月亮，再做成太阳，最好活成永恒。

因此，我们就喜欢"大"：大秦，大唐……大清，大中华，大人，大家，大老板，等等，把"大"体现得淋漓尽致。

因此，人人想成为"大"的，人人就得不断进取（要），才能把自己从受精卵变成巨无霸——这就是人性的本质。我们只有"要"得足够了，才能在有了一个亿之后愿意付出一千万（给），有了利后，放弃利去追求名，缺什么要什么，直到经历丰富了，人生也差不多了，心境淡了，一览众山小——人生就这个目的，追求永远"大"过别人，它也是谈判的动力。

因此，谈判的时候就得从小名小利，到大名大利都要考虑到，对方才会一直有动力，不然一切免谈。

在学术上，中国国学给了"大"和"小"一个特别的字：势。

绝对大叫强势；

相对大叫优势；

差不多叫均势；

相对小叫劣势；

绝对小就叫弱势。

不够大怎么办？

三步做大。

动物界和人类共同遵守着宇宙的这一规律：小的围绕大的转。可是我们不够大怎么办呢？狮子王辛巴，他父亲去世的时候，自己还只是个小东西，没办法和叔叔争斗；弱小者一般是打斗不过强壮者的。那如何能做到“自己不够大却要胜利”呢？同样，一位销售人员如何搞定一位老总，乙方如何拿下甲方，就成为我们谈判主要关注的问题。

长江商学院的校训为：取势，明道，优术。这三个词给了我们一条如何做大做强的最快捷的路径，即**取势、借势和造势**。

①取势

取谁的势呢？自己现有的势，也就是出门之前必须把所有对谈判有利的大东西都往自己身上绑。发挥自己最擅长的，讲就讲自己的优势，这样才能营造出“大”的感觉来。一个形象的比喻就是，我自己饿了，首先想到取自己家米缸里的米来做饭是最快的。

它对我们最大的告诫就是必须发挥自己的优势，也就是：我是壮汉，我就尽量露肌肉；我是学霸，就尽量彰显专业；我是商人，就看实力；等等——发挥优势就好比打主场。因此，千万别在别人的“地盘”上狠，强龙斗不过地头蛇；不要随便进入别人的专业，做熟不做生，只要专业的就是主场，就大。

②借势

借谁的势呢？他人之势。当自己家的米拿出来不够做一顿饭时，去邻居家借米做饭是最快的，去田里种稻太慢。所以，他山之石可以攻玉，要站到巨人的肩膀上，要万事万物皆为我所用。曹操、袁绍都是借助自己家人而早早出名，担任江湖要职的。八戒打不过别人就会叫大师兄，悟空打不过妖怪也会请观音，这些都是这个道理。

③造势

造谁的势呢？如果借完别人的势，还不够大，就只有造势了。造势的目的为了在进入正式谈判环节时能够先胜一筹。谈判其实是一种利益的交换和实力的较量。造实势，就是摆事实，亮实力；造虚势，就是说一说，喊一喊，晃一晃，总之是短暂的吸引意念、眼睛和耳朵而已。虚势和实势对谈判都很重要，用在不同的场合，只要发挥得好效果就会特别好。

谋势的三步骤，放到一个小孩子的身上，就是取自己的基因优势，借助爸妈的优势，最后造出了自己的势，成就了一方大业。

那么，问题来了，那取什么，借什么，造什么呢？谈判中我们手上有哪些牌？

（2）谈判共有哪些牌？

谈判有三张大牌。

十年前，我给谈判罗列出一堆筹码，还是说不出个究竟，原因只有一个：我也不知道有多少。就像人类当年不知道地球是圆的——对真相的探索一度让我无助——天知道谈判有哪些牌！后来喜欢国学，探索信仰，喜欢易经，学点前沿科学，然后反哺回谈判，我一下豁然开朗：谈判只有三张大牌！一下子谈判变得简单了！

如果霍金是对的，那么宇宙来自一次大爆炸，爆炸后从原来一团能量，变成了如烟花散开般的N多团能量。能量有大有小，有你有我，形成了不同的参照视角——角度——站在我的角度，还是你的角度，还是大家的角度，对于公平、输赢、幸福与灾难的理解是完全不同的。谈判中，一方强势地赢了，也就意味着另一方肯定输了。

站位的角度，经常让我们变得或是令人生厌，或是讨人喜欢。下面我们来仔细探索谈判的第一张大牌。

①角度

臣子和皇帝谈点想法，应该站在谁的角度是不言而喻的——当然是站在皇帝的角度。但皇帝要跟臣子说话一般站的角度只能是：皇帝。可以说谁大，往往就会站在谁的角度考虑问题，老板更不容易关注下属的想法就是这个道理。

当我大，我会站在自己的角度，先“要”。一方面此时“要”，完全“要”得来，谁让我强势呢？另一方面，如果我不“要”，反而站错了角度，别人还有可能会不恭敬，对谈判不利。比如：婆婆过于低声下气，就会让本来孝顺的媳妇变得随意，最后可能变得轻视婆婆。当我“大”，处于优势的时候，经常说话都带着“我”，称呼对方的时候也是“你”而不是“您”。

当我小，我只能站在对方的角度，先“给”。先付出让别人先喜欢上自己，处处都要用“您”来称呼对方。有些销售人士因为最初没有经验，见到客户就容易站在自己的角度说话，结果就是销售不出去业务。

当我中，也就是处于均势的时候，又该是怎么样的呢？那就是处理夫妻、朋友、同事关系的情况，这时候我们经常会站在共同的角度，说“咱”“咱们”，这时候我们不能只“给”也不能只“拿”，而是共同出力，AA制。你挑水来我浇园，你挑着担我牵着马，讲究的是交换关系。朋友之间太客气，会让别人疏远你，太不客气，照样会让别人讨厌你。

谈判中，站位正确与否，其实就是取势的过程，一旦我们取了不正确的势，我们就会输在起跑线上。**我大先拿（我的角度），我小先给（您的角度），均势先换（共同的角度）。**

没大没小，没有教养，家教不好，拎不清，说的都是我们站不好位。德不配位，为富不仁，家长（老板、领导）没有家长（老板、领导）的样子，则是说我们在那个位置上，但是与我们实际的实力不匹配。

这里引申出一个问题：当我们大的时候，我们如果“拿”了，对方作为下属、臣子、乙方，心里其实也是不舒服的。那么，如何做到我们“拿”了对方还得说谢谢呢？我们后面再讲。我们接着说说第二张大牌。

②时间

大小不同的能量到底区别在哪里，其实就是占有的时间和空间的不同。能量大的冷却耗散的时间长，能量小的，冷却耗散的时间短，如果是一个生物，则是能量大的，寿命长，每天可工作时间长，而能量小的，则相反。这就是同样是一个人，为什么自然寿命不同，每天工作效率不同，聪明程度不同，智商情商不同的根本原因——能量大小不同。

用在谈判里面，**就是能量大的，可以谈判的时间长，不疲倦，所以谈判弱的一方要选择精力旺盛的人出马**。否则不容易坚持到最后。

那谈判过程中时间有些什么讲究呢？

谈判中，如果过去大，就要多提过去，如果现在大，就先带领别人参观，如果过去现在都不大，则需要大谈未来。所以，鲁迅笔下的阿Q在临死之前说：十八年后老子又是一条好汉。我们讲，小的围绕大的转，就是哪个大提哪个，哪个大展示哪个，不然说话、做事都不吸引人，也就没有价值。所以选秀节目的最后，都要勾魂地问一句：请问你的梦想是什么？大老板都是跟别人大讲：过去我是多么的失败，但现在我是多么的成功，而你现在还不成功，跟着我未来就能像我一样成功。这样观念和业务就销售出去了。

除此之外，各自的时间比较，又会产生一个重大问题：谁急谁不急。谈判中，我们讲小的动，大的定，小的围绕大的转，所以着急的一方一定是个弱者。因此，谈判工作的主要任务就是要把对方搞着急。否则谈判不容易成功，或者不易快速成功。

③空间

大小不同的能量还体现在占有的空间不同，能量大的密度高，体能就好，体能好电量大，脑子就转得快，最后财力也就强。因此，身体健康精神足（身体），脑力强大专业强（体内），财力强大气又粗（体外），这三方面共同形成了一个人强大的影响力。身体、体内和体外共同形成了“三千大千世界”，代表整个空间。

但不是所有人三个空间都大，有的人体力好，就展示体力，如普京总统就直接脱衣服秀肌肉；有的人脑力好，就直接PK智力比赛，或展示文凭、科研成果；有的人体力也不好，脑力也不好，但家境好，直接向别人展示财力。总之，哪个大，谈判中可以展示哪个。

空间带给我们最大的压力就是谁大谁小的问题，也可以理解为主场、客场问题。

气场主场：体能好的人，一见面就是扑面而来的气场影响力，他们精力旺盛，走路带风，握手很重，嗓门很大，喜欢贴着脸和你对话。这样的人，对内心不那么强大的人会产生强大的谈判压力，此时换人谈判比较好。

专业主场：不要随便进入别人的专业，因为在别人的专业范围内，你说了不算，而别人一针见血，会严重干扰你的判断能力。因此任何谈判都需要准备，需要专业，更需要专业人士。专业性强的人永远都饿不死，就是因为专业形成了谈判的壁垒。如医生、律师、讲师，等等。

财力主场：“但凡客户不认可，带他去北京”——这是我在联想工作期间很明确的谈判思路。因为去了北京，一切都是我们占有优势，而只身的谈判对手，是无论如何都会被影响的。这也就是为什么在寺庙修行比在家好，在学校读书比看光盘好，皇帝们喜欢建宫殿庙堂的原因。

（3）套路：谈判的三个步骤

知道了谋势的三大路径，谈判的三张大牌之后，该如何展开谈判呢？

商人是有谈判逻辑的，学者是有研究逻辑的，考古学家照样有套路，也就是说，他们都有着自己的经验逻辑，也就是这样走下去最快，路径最短，最符合天理人性。因此，谈判如武术一样，应该有经验逻辑，有剧本。谈判的剧本，既是销售的剧本，也是商人的剧本，那就是：卖自己、卖业务、保成交。

①卖自己

与任何人谈判，只要对方不信任你（尤其是你扮演的角色），谈判就进行不下去。所以谈判总是要先卖掉自己。中国人常讲：做事先做人，先寒暄再谈事就是这个道理。打个比方，如果本来处于甲方强势地位的采购员却经常与供应商商量，没有“拿够”甲方的姿态，这样供应商就会集合起来欺负采购员；刘禅明明是皇帝却没有皇帝的样子，大家就对他不服，下面就会有人造反。同样，普通销售人员如果态度嚣张，下属如果老是不服从上级，都会让谈判很难进行下去。

销售自己极为重要，它要求我们做到两点：优势和站位。

出门之前要将“大东西”——大的时间、大的空间、大的角度——绑在身上，也就是要将自己的所有优势聚合，在营销中这就叫“营”，也就是聚集的意思。就像我们开玩笑说：“皮带是普希金的，裤子是叶利钦的，头发是费玉清的，那时候我就是我，不一样的烟火。”也就是女人先化妆再出门，男人先装备好再做生意，门店先装修再营业。一切先准备再行动，都是要先谋势再谋利，不够大，别人就不愿意围绕你转。所有寺庙都供奉高大上的塑像，皇宫金碧辉煌，一切活动要搞个仪式感，都是要“把对方变小，把自己变大”——不谋势，卖不掉自己——三岁小孩说要帮你，你一般不会相信，因为他太小，穷人说要接济你，你也不容易相信。

见到对方之后如何选好站位？也就是先说爱你，还是先说害你？先低头还是先抬头？先强势还是先弱势呢？规则是：

我们可以知道，卖自己是要看当下“大小”的。因此，我们有时候说，没大没小，不知天高地厚就是这个意思。一个人连自己都卖不掉，也就更卖不掉自己的身外之物身外之事了。因此，在谈判中，黑脸、白脸、红脸，该唱哪张脸，就显得尤为重要。现在，我进行详细的说明。

黑脸（包公），是我方处于强势或优势地位时所表现的态度，它向别人传达的是带来损失和伤害，也就是减损能量。黑脸在谈判中，往往会让人有一种莫名的恐惧，因此效果比较好。警察面对坏人和甲方面对乙方时常用，由于它有可能带来损害或生死问题，因此，效果立竿见影。

白脸（曹操），是我方处于变动（动态变化）地位条件下，或者不大不小时所表现的态度，它向别人传达的有可能是损失，也可能是加持。也就是时好时坏。曹操当年曾经是讨伐董卓的英雄，曾有过曹操献刀的英雄事迹，但在危险潜逃之时，也有杀吕伯奢时“宁可我负天下人 ，不可天下人负我”的污点，时而关心你，时而威慑你，恩威并重，让人摸不透，白色恐怖，你不知道他何时开心，何时发飙。很多时候，我们都处于动态变化之中，时而大时而小，不是永久的优势地位。而谈判最大的压力来自信息不对称，因此，白脸应该比黑脸多。它展示给我们的就是一个捉摸不定的“奸臣”形象。（这一形象总显得负面，让人不太容易喜欢，怎么办呢？）

红脸（刘备），是我方处于弱势地位条件下所表现出来的态度。它向别人传达的永远是加持、信心、信义。从政就是为民服务的，因此，过去称呼政商兼营的人为“红顶商人”。红脸的刘备一直达不到立竿见影的效果，也就是从不责骂下属的刘备过于慈爱，下属做事就没有成效。可以说遇到诸葛亮之前，刘备一事无成，四十多岁还在哭泣自己不得志。但遇到诸葛亮之后，格局就立即三分天下，诸葛亮有时很好地担任了白脸的角色。

可见，光有黑脸是不现实的，因为我们不可能随时处于优势地位，光有红脸又太怂没有效率，白脸又让人觉得太奸，因此，要么黑白搭配，要么红白搭配，方能取得奇幻的效果。规律是，常常处于强势地位的一方（如朝堂之上），经常使用黑白配，而常常处于弱势地位的一方（如普通民众），经常使用红白配。

如何突出白脸（曹操）这一奸臣形象呢？我们先来看两个例子。

一个姑娘要出嫁想要嫁妆，就开口跟男朋友提，但未来的婆婆拒绝了，说：想嫁就过来，不愿嫁就拉倒。姑娘立即就处于谈判的弱势地位。

另一个典型的例子是，如何拒绝强势的领导、甲方提出的霸王条款，如“你必须降价20%，不降价就结束”，以及如何向强势的领导、甲方提出过多的要求，如“我们必须提价”“我想加工资”等。有时候，我们想到这两个问题，都会头皮发麻，怎么说出口？说出口如果没有成效怎么办呢？

答案是：不要让白脸是一个人，而是规定、制度。那谁制定的制度呢？一群人：领导们、家庭会议、公司、董事会等。以上的问题就迎刃而解了。那就是：“我们家庭成员们一致认为，买房是必要的，买车在今天也是应该的，因为对未来养孩子做事业都有好处，我个人倒觉得无所谓，但他们这么说了，我也觉得有道理。”

“你们想砍价，我完全理解，但公司有规定，你们问谁定的，是公司董事会，这么多年了，谁也不能破，这是铁律。你们想降低成本我们也完全理解，我们也努力了，但谁说也没有用。”

“领导，我的家人跟我说换个工作，我说为什么呀，他们说五年没涨工资了，刚毕业的大学生都比你拿得多，我个人倒觉得无所谓，但他们天天说看到我的工资单就发火，我被弄得实在没办法了，怎么办呢？”

总结：当我处于强势的时候，先拿（即拒绝、否认、要求、索取）才能（显示地位）销售自己，但不是我要拿，而是“领导们”“组织”要拿，而我还建议他们不要拿；但当我处于劣势的时候，先给（即答应、认同、请求、帮助）才能（显示低调）销售自己，“领导们”和“组织”本来不同意给的，但我竭力协调后，他们终于同意了——总是让背后的力量来扮演“恶人”更有利于销售自己，自己来扮演“好人”才能让别人永远相信自己。

②卖业务

有人就要不解了，谈判怎么搞成了卖东西呢？我们这里所说的卖，就是指把自己要推出去的东西推出去，让别人接受我们的商品、理念、项目等。无论是采购还是销售，谈判都是“卖”的过程。

要想把业务做好，我们必须要经历两个阶段。

第一个阶段，了解需求（病），谈判最大的压力来自不了解对方，因此采集需求信息最为重要。这里有两个难点：一是如何让别人愿意告诉你，二是要采集哪些信息。

第二个阶段，满足方案（案），也就是说如何介绍自己的方案才能吸引别人，打动对方呢？

③保成交

任何人要的不是便宜，而是占便宜的感觉。如何通过你有效的运作，让对方感到占了便宜，这就是成交的核心因素。

你是选择时间让步呢，还是选择价格让步？你是选择一步让光，还是分步进行？你是爽快答应对方得寸进尺的要求，还是反悔刚才做出的让步？

每一种做法的效果都极为不同，怎么保证成交呢？

（4）谈判本质

大年三十，寒风凛冽，阴冷无比。一只脚悄悄地踏进了门，紧接着另一只脚也慢慢地落进了屋内——外来者入侵吗？局势立即紧张起来，屋内群情激动，似有大祸临头，跑的，奔走相告的，哭的，喊的，大家都在四处逃散。突然，那人抓起了小J，狠狠地捏住了小J的双手，妈妈看见了，不顾一切地冲过去营救。说时迟，那时快，只见她三步并做两步飞奔过去，嘴里狂喊着："放下我的孩子。"妈妈本来想跟那个人谈判一下，只见那人冷笑两声道："你来啊，来了我一块儿宰！"妈妈被吓退了，亲戚朋友赶紧过来把她拉走，因为这种"屠杀"已经不是第一次了。

乱局仍在继续，正当大家都准备看接下来会发生什么的时候，只听外面传来另一个闷闷的声音："你快动手，开水已经烧好了！"又是一个末日降临，屋里的空气突然凝固下来，屠杀就要开始了。那人将小J拎了出去，关上了门，最初还能听到小J的挣扎，后来只看见几滴血溅了进来，后来就没有声音了。然后是一阵带有血腥味的热气飘进来，只听另一人又说话了："儿子，第一次杀鸡就是这样，你算干得好的，中午你就会发现，土鸡就是比饲料鸡好吃。"

以上这段场景，讲的就是我们大年三十杀鸡过节的情景。为什么人类的儿子不顾忌鸡的感受，不跟它谈判而直接杀了它呢？试想，如果我们碰到一个五岁的孩子，我们敢不敢轻易夺了他的性命？答案是不敢。

结论：当双方的实力绝对悬殊时，双方是没有谈判余地的，也就是"弱国无外交"。只有不是绝对悬殊时，谈判才会发生。

推论：当双方实力处于悬殊境地时，一方可能会使用霸王条款。当双方实力未处于悬殊境地时，此时任何一方使用霸王条款都不行，需要进行谈判，结果就必须进行各种不同的交换。

谈判的本质就是利益的交换。因此，有关谈判最有名的一句话就是：**让步可以，除非交换。**谈判就是不断地将自己手中不怎么想要的牌打出去，换回自己最想要的。

我们与宇宙没法谈判，与山洪、海啸没法谈判，当年的中国与八国联军没法谈判，但今天的中国与所有国家都可以谈判，因为我们强大了。

因此，谈判的时候，都需要先观察谁大谁小，再决定谈判的策略。也就是谈判双方是处于强势、优势、均势、劣势还是弱势。

从案例开始

有人欠陈总的钱一直不还，欠钱的人是一个大厂的老板，而陈总是该厂的部件供应商。由于大环境不好，钱难挣，陈总甚至想到过用极端手段讨还欠款。但极端手段是有后果的，因此，他打电话给我："李老师，如何破？"

拿到这手牌，你有何感想？这不正是弱国面对多国联军的态势吗？谈判主要解决的就是当我们不强的时候如何达成目标。

2

局势判断：谁大谁小

前面我们已经讲过，谈判得先确定态势。

我们大： 强势或优势，此时谈判要轻松得多。

较均衡： 均势，是合作双方经常面临的态势，也就是势均力敌，各有所长。

我们小： 劣势或弱势，销售谈判、采购谈判往往都属于此类。

这些大小关系主要由三张大牌决定：天时、地利、人和——即时间、空间和角度。

角度：谁更得道？ 包括利己、互利、利他三大角度，即得道而多助，中道而互助，失道而寡助。如果对方供应商多，关系较好，信用都极好，则我们处于劣势；如果对方供应商不多，关系一般，那我们处于均势；如果对方供应商很少，关系也很差，而我们客户如云，我们就处于优势或强势地位。

时间：谁更着急？ 包括过去、现在、未来三大时段，即过去的经历、当下的精力、未来的梦想。如果对方经历丰富，经验充足，成就非凡，容易让我们着急（此案中，如果对方从未欠过钱，过去信用极好，对方谈判就会不着急）；如果对方当下精力旺盛，状态极好，我们也会着急；如果对方梦想远大，豪气万丈，动辄上亿、上百亿跟我们谈未来，我们也容易被对方影响而着急。

空间：谁更拥有主场？包括身体、体内、体外三大空间，即团队人力、体内专业、体外财力——如果我方团队人多势众，还个个得道多助，魅力无穷，那我方拥有人力主场优势（此案中，如陈总多人前往，而对方形只影单）；如果我方人员非常专业，能一针见血，还能舌战群儒，那我们就形成体内的专业主场（犹如此案中，如果陈总是资深律师），哪怕对方人多，我方也毫不畏惧；而如果选择在我方公司谈判，我们实力强大，那就是财力主场（犹如此案中，如果陈总是独家供应商，每次必须让对方来公司谈判）。

人和：看谁更得道。如果我方人见人爱，供不应求，我们就不着急。如果不是，我们总体上就处于劣势或弱势了。

天时：看对方着不着急？如果对方着急，我们已经处于优势。

地利：看谁是主场，从团队主场，到专业主场，再到财力主场综合评价。

此案中，陈总是小供应商，账款久催不得，时间上着急，空间上又处于体能、专业和财力的弱势，总站不上主场，每次上门催款都失败。陈总站在自己的角度要钱、要钱再要钱，久了，对方烦了，谈判沟通会越来越没有力度。

3

目标选择：期望底线

我们做任何事，无论是销售还是管理都最好从结果倒推出线路，正如我们挖隧道，先确定起点和终点。

这个目标的确定，就是根据态势来决定的。如果我们处于优势地位，那制定的目标就要宏大，如果处于劣势地位，目标就必须缩小。就如中美贸易战激烈，中国大多数企业的营收都要下调是一样的。

最要紧的是，制定出三个目标：报价、期望和底线。再依此作出三步的谈判妥协方案，也就是备选策略。要想达成期望，要有离谱的报价，也得建立一个可接受的底线，总之，尽量避免谈判完全失败。经过设计的谈判，就像建一栋高楼，先画了图纸，建出来几乎和图纸完全相同，那我们的工作就是极有成效的。

送一金句：**唯有设计才是力量。**

此案中，我要求陈总必须给我这三个谈判的目标，不然不会指导他进行谈判。因为给不出来，就证明陈总是没有经过思考策划的。

在电话中，陈总告诉我："我先让他还一部分钱！必须！"当时我一口否决了他的提议。你知道为什么吗？因为这涉及未来报价的问题——应该"高开"还是"低开"呢？

4

态度选择：积极消极（正邪）

陈总想使用极端手段，显然是消极办法，不符合人性。我们只有符合人性，才能让对方配合进而说服对方，不然谈判是无效的。那人性是什么呢？

要符合人性，我们对外“给”，别人才会开心乐意。因此，“给”是积极态度，叫帮助、施舍、爱和度化。而“要”是消极态度，叫恨、拿、威胁和强迫。但我们不能总“给”不“要”，这个悖论怎么解决呢？答案就是：

凡是“给”，都是我做的，领导们或者别人是不愿意“给”的，我争取了好久才要到。

凡是“要”，是领导们或者别人要的，我还力劝他们少要一点。

规律是：

我“大”时，先要，唱黑脸，以要求为主，但最好表达出是“领导们，股东们”要的。

我“中”时，先换，唱白脸，显得温和，以商量为主，所有要求都是虚拟的领导们提出来的。

我“小”时，先给，唱红脸，显得热情，以请求为主，所有要求都是虚拟的领导们提出来的。

谈判现场，主谈人员永远当红脸好人，而让一群人当白脸或黑脸施压，只有这样，我们才能做到既给对方施压，又人见人爱，对方愿意配合。

任何事情，态度是第一位的。因此，孙子兵法的顶层设计篇，将态度放在了策略之首，即道、天、地、将、法中的道（正道或邪道）。

此案中，我让陈总千万不能走极端，不然本无错却酿成错，当恶人的下场是危险的。相反，应该处处做好人，理解客户，帮助客户解决还款过程中的困难。但陈总公司的股东们理解不了，吵得厉害，认为血汗钱必须要讨，甚至想联合其他供应商（引发蝴蝶效应）和媒体壮大讨债队伍等。这种情况下，如果对方重视，陈总可以再力劝一下股东们，虽然困难，但陈总会努力；如果不重视，陈总就再也不管了，任由事态进一步扩大——因为协调得太难了，陈总也是精疲力竭。更为重要的是要引导大厂客户说出自己伟大的梦想愿景，如果对方真有这么大的愿景，陈总必须表示：过往认同厂商老板的伟大梦想，愿意做一名核心的供应商，今后也愿意带头做好核心供应商，不离不弃，双赢到永远。

事实是，经过这样的表达，陈总赢得了对方的理解，第一笔拿回了110万元。其他分两笔总共在九个月内还清了所有。

我们试想，如果陈总来硬的，谈判的结果会怎么样？吵架，打架，去派出所，生意断绝，连锁反应……

另外，在谈判中，**可以说，生意都是“要求”来的，而不是“请求”来的。**也就是说，当我们求别人的时候，我们显得弱势，此时就被动，别人就不愿意“围绕”我们转。相反，如果是“要求”，就显得内心很强大，对方就会从心理上认同我们的优势，愿意“围绕”我们转。

因此，我们谈判的态度选择的顺序是：

（1）先进行要求（我赢）——按我的领导们说的做（只要不给），重在要求。

如果不行:

(2)再进行商量(双赢)——先说帮助再提要求(先给后要),重在要求。

如果还不行:

(3)请求换时间(你赢)——请求换时间再要求(暂时只给),仍是要求。这局你先赢。

5

时间选择：天时谁有

既然讲到了《孙子兵法》，我们就按孙子的策略来推演谈判。它其实讲的就是时间、空间、角度，也即是天时、地利、人和三大因素，我们做一下对应。

谈判如用兵，是极讲时机的。时机的重要作用，就是让对方急而我不急。就如同让对方劳师袭远，我们则以逸待劳。“6·18”“双11”，都是秒杀日，秒杀的核心，都是要让消费者着急，从而促进消费。因此谈判的时间选择就有规律了。

按理说，我们优势的时候，应该选择我方便的时间；但我们劣势的时候，应该选择对方方便的时间。但我们知道谈判就是要处处掌握主动权，因此，无论我处于什么态势，我都要选择我方便的时候。怎么才能做到呢？

（1）不管其他，先提要求（我赢），先按我们的时间谈判。

实在不行：

（2）先说帮助，再提要求（双赢），仍按我们的时间谈判。

如还不行：

（3）换个地点，再提要求（你赢），还按我们的时间谈判。但这局你先赢。

6

场地选择：主场客场

孙悟空刚从石头中蹦出来的时候不自信，后来有了功夫，有了花果山又有了猴群，就自信多了，关键在于有没有主场。当客户来找我们的时候，我们大，打的是主场；当我们去找客户的时候客户大，我们打的是客场。原理是小的围绕大的转——大的就打主场，小的就打客场。

但这不是谈判的策略，只是正常的礼仪。因为我们永远想打主场！

打主场有什么好呢？

我们可以掌控更多时间；

我们可以展示更多的人力；

我们可以展示更多的专业；

我们可以展示更多的实力；

我们还可以换人换角度；

总之，一切都好！

如何才能做到呢，我们要将“道”“态度”的原理一以贯之地进行下去。

（1）不管什么，先行要求（我赢）。

实在不行。

（2）先说帮助，再提要求（双赢）。

还是不行。

（3）换个人物，再提要求（你赢）。也就是这局你先赢。

此案中，我建议陈总将工厂老板引到第三方进行谈判而不是打客场，先行要求，实在不行再商量，再不行换人再提要求——换工厂老板与一堆人进行“扯皮”性的谈判。这样步步为营地掌握主动权，我们的谈判才能不断拥有主动权。

7

人员选择：强的弱的

我记得20年前我去与一家大型购物中心谈判时，他们只允许我在公共区域而非办公室进行谈判，而且派的人也是最基层的负责人。哪怕就是这位最基层的负责人，也对我冷冷的。那时候我就想，如果美国总统来了，他们一定不会这么做，一定是董事长主动前往，全程点头哈腰，笑脸相迎……谈判到底派谁，当然也与势的大小是相关的。

大家还记得晏子使楚的故事：齐国大夫晏子（高层）亲自打客场出使大国楚，但楚国认为没必要给这位不如自己的国家面子，让晏子从小门（狗门）进入……显示的就是接待级别。但无论哪个级别的人出去谈判，都必须要派内心强大而不是长得人高马大的人进行谈判，因为谈判比的就是内心大小，这就是气场。晏子，虽然个头极矮，但显示的强大气场却赢回了国家的尊严。

一般而言，销售型谈判可以派级别不高的销售人员与别的公司中高层进行汇报。如若不是销售型谈判，一般都要求职位对等。否则总有一方要因此丢失主动权。

遵照前面的逻辑，我们在谈判中派人的顺序依然可以按照如下规则进行选派。

（1）不管什么，先行要求派出我方基层参与谈判（我赢）。

实在不行，则：

（2）先说这位基层对谈判更有帮助，再行提要求（双赢）。

还是不行，则：

（3）换个策略，再提要求由我方基层去参与谈判（你赢）。也就是这局你先赢。

罗德曼是由美国机构“悄悄”派到朝鲜去的一名民间“基层”人员与朝方高层进行接触，试图打通与朝鲜的政治连接。这种基层与高层的访问看似不够级别，但在很多政治型谈判中还是最常见的，一是不那么敏感，二是即使不成功也可以推诿说这只是私人接触而与政治无关，收放自如。

8

策略选择：步步为营

策略，就是讲求方法不硬来或者不乱来。策略本身就是将时间、空间与角度进行不同的方式排列组合，这种组合是极多的，但总有一些是相对优选的方案。比如：

人和方案：无论如何，选择让对方谈判的人喜欢上我们，是一种优选方案；

天时方案：无论如何，选择时机上掌握主动权；

地利方案：无论如何，选择主场上掌握主动权。

如果三种都具备，那更是一种梦幻加持。虽然一般不太可能，但我们也要找出几种好的方案选择其中最佳的，然后进行排序，100分的不行，排90分，再排80分。

因此，谈判形成了**布局、守局、结局**这样的三步逻辑。

而每一步里又包含**“卖自己，卖业务，保成交”**的小逻辑，仔细分析一下，就是：

卖自己：我大过你，我爱你——我只有“大”过你，才有能力去帮助你。但我大过你，既有可能害你，也有可能爱你，但我选择爱你。

卖业务：你有病，我有药——对方没有病，我就没有药，不了解需求，就是不能提供方案。方案必须是针对性的，独一无二的，才能打动对方。

保成交：你着急，我帮你——让对方着急而不是我着急，这样才能掌握主动权。但对方着急的时候，我们就立即出现去帮助对方，让对方永远感到赢。

需要注意的是，这个“卖”，不一定指销售，而是让对方信任愿意谈判的意思。

在这一章结束的时候，复习一下重点：

谈判就是谋事，也就是谋势，口语说就是“搞大”，因为小的围绕大的转。

而大小是由三张牌构成的，时间、空间和角度，也就是天时、地利和人和。

谈判线路需要经历：局势判断，目标设定，态度选择，时间选择，地点选择，人物选择，策略选择——也就是势（旧势判断 、趋势目标）、道、天、地、将、法。

大战之前是时候该你出马了，可是你能成功拿下谈判吗？是不是很多次血气方刚，立下大誓要这样要那样，可往往事与愿违，因为，谈判真心不容易。它不光是你能不能干，还涉及人脉资源，更涉及对方可能年龄大，资源多，身经百战，各方面都比你优秀，你面对的可能就是一个精明到极致的人……

大战之前几夜，你在帐前左右徘徊，久久不能入睡。看看孩子和爱人都睡了，灯光亮着，只是未来战马厮杀声不绝于耳，作为主将的你，如何带领团队拿下“那座城池”，想想盖茨、乔帮主、马云、马化腾个个封神，可是自己的事业还差了一步又一步。过几天就要谈判了，我该如何步步为营呢？下面我们就按“我大你，我爱你，你有病，我有药，你着急，我帮你”这样的逻辑展开谈判的策略。

9

谈判前期策略：谈判布局

谈判布局——卖自己1：我大你

去谈判的路上，总是思绪万千，A型血的人会想，我是不是刚才还有哪里没有准备好？O型血的人想，今天一定要拿下它；B型血的人想，我今天第一句话应该先说什么，千万别乱了，为什么我一到说正事就会紧张呢？AB型血的人则说，我心态好，生意未必今天就要达成，关系好了一切都好做。

但谈判要求的是结果。怎么做才能保证有结果？核心是知己知彼。谈判最大的压力，永远是信息不对称。信息怎么来呢？（你应该仔细想想）

（1）做功课，大量的谈判前工作。

（2）问对方，谈判之前或在现场事先问清楚对方。

（3）问教练，如果不能直接问对方，也可以问对方或愿意教导我该怎么做的人。重大商业谈判或政治型谈判，可以说都跟战场一样，因此教练的培养是双方都在做的事。犹如比赛场上的教练、私人的导师，处处为我们提供各种信息。

今天你学会了如何擒贼先擒王，不是直接公关“王”，而是要么在外围打听，要么直接问对方，要么就在“王”的周围培训喜欢自己的人。

要搜集哪些信息呢？主要还是三张大牌：

（1）角度上谁大，看谁情商高，更容易站到对方的角度，也就是更讨人喜欢，更容易说服对方。周总理在国际上为什么能叱咤风云，就是因为周总理总能站在一个道义的制高点上，让无论是自己人还是“敌人”都不断地加入喜欢自己的阵营中来。也就是“得道多助，失道寡助”。谈判对方如果总是尖酸刻薄，最终会输得体无完肤。马云在谈判中，就是因为经常站在对方的角度来说服对方，处处体现高情商，先成就了团队的凝聚力，再成就了客户的忠诚度。

深度理解：

站在对方的角度，也就是大角度，相当于“我给你，我帮你”的角度。类似于我比较大，我大到能先给你，你自然会围绕我转。

站在自己的角度，也就是小角度，也就相当于“你给我，我要你”的角度。类似于我比较小，小到你必须给我，我就围绕你转了。

（2）时间上谁大，如果我们角度上占不了优势，再看时间上谁急：哪方急，哪方就是弱者，就是“小”的一方，就不够大。**小的动，大的定，小的围绕大的转**。我们着急上门找对方，我们就弱；客户着急上门找我们，客户就弱。通常，哪怕我们真的很着急，也不能让对方看出来。

急的表现：心急火燎，心神不定，引发同事跟着急，不断抖腿，态度不友好，不断表达，语无伦次……总之，它就是“淡定”的反面。

（3）空间上谁大，如果对方时间上也不着急，就只能比空间了。

A. 地（体外）——我主场还是我客场？

B. 将（身体）——我强大还是他强大？

C. 法（体内）——我严明还是他严明？

谈判之前，我们只有对谈判三张大牌进行一轮梳理后，才能最终确定综合实力谁大谁小，谁是甲方谁是乙方，取一个相对更大的某个方面的势（要么角度，要么时间，要么空间），然后才能决定我们的站位态度：是先给还是先拿。这就是长江商学院讲的“取势、明道”。

总之，谈判之前的一切策划，就是要将所有大的往身上“武装”。实现“我大你”，如果不是全方位的绝对大，也要取三张牌中我相对大的牌来打，不然对方不会愿意围绕我们转。

谈判布局——卖自己1：我爱你

双方见面之时，已是短兵相接。爱与恨、真与假都会掺杂其中。都说人生如戏，要靠演技，“演”的就是无论你是恨还是爱，都必须先把自己卖掉，销售出自己，让别人愿意跟你谈判。你对别人有帮助，是去给予的，而不是去索取的；你是去爱的，而不是去恨的。

你肯定会问，我是甲方也要这样吗？

是的。只要是一个人，都想“要”，你只有表达“给”，对方才愿意配合你。除非你“绝对大”时，如皇帝。这时候，你使用什么态度谈判都好谈，但哪怕是皇帝对臣子，过度的强势，也会招致官逼民反。一个皇帝怎么能敌得过千千万万、前赴后继的普通臣民呢？因此，必须表达出：我爱你。即使要恨，不愿意，也是“领导们的恨，领导们不愿意”，而我是一直帮着你们处理这事的，不然也不会今天谈判了。

如果前期的策划是“想到”，那么见面就需要“说到”和“做到”，最后才能“得到”自己想要的结果。一切看你表现了。

（1）寒暄接待：聊当下

A. 给小名：张总，百闻不如一见，您太厉害了，向您多学习！

B. 给小利：张总，知道您专程要来，我特意为您准备了今年的新茶，您先品品！

C. 给小法：张总，您来了，别人我从来不讲的，我一定要告诉您一个我们做出精品茶的好方法。

不同的是：乙方需要全程态度主动，微笑，点头，赞美。甲方需要全程态度不主动，自己可以微笑，点头，赞美，但背后的“××们”却不笑，摇头和批评，完全不能接受，不同意。而“我”在全力协调。

（2）长时闲聊：聊过去

A. 给中名：张总，您过去很成功，一路走来，最想说的一句话是什么？（聊他过去最“大”的，最引以为豪的，这样你就可以一句话也不说，而是专心听对方讲，一方面对方也开心，因为展示了自己优秀的一面，另一方面，对方暴露自己越多，我们就越容易了解对方。）

B. 给中利：张总，您算过没有，过去这么多年下来，我们之间交易额有多少，利润有多少？……这些东西本来公司是不同意这么多订单给你们的，但我和我的部门总经理，包括过去负责你们的业务人员，也觉得你们态度不错，所以，一如既往地支持你们。公司已经给我敲了N次警钟，说不能在一棵树上吊死，哎，谁叫你们这么优秀呢？为了能长久，你们要表现得更好啊，不然公司压力一来，你们订单没了，我的职务也没了……

C. 给中法：张总，在过去，像一般的公司，在这样经济不那么景气的年代，都是不提供培训和考察交流的，你们也做过一些别的品牌，他们培训交流多吗？也不多吧，去年为你们做的战略和技能的培训，你们觉得如何？我们李总费尽心思，去日本和美国专门考察，目的就是给你们提供最好的“弹药”……这一块，公司的资源负担也是相当重的。

（3）聊回业务：聊未来

A. 给大名：张总，您过去的成绩有目共睹，不知道您未来五年的梦想是什么？过去大家都在向您学习，希望继续听听您的远见，带领大家继续向前奋进……（没有人会承认未来自己是失败的。）

B. 给大利：张总，我们公司的使命，就是要带领大家共同走向全国市场，在纳指上市，然后大家共同分享未来的美好愿景。明年我们最大的目标，就是要帮您实现利润的翻倍，公司领导都说了，你们这么努力，我们在条款方面虽然要求有些严格，但一起支持您实现是肯定的……因此，我们今年的合作大家都不能心猿意马……（未来的利益不够大，就不足以吸引别人，为什么队伍散了，魅力没有了，就是给别人带不来巨大的好处。）

C. 给大法：张总，您天天忙，是不是也想花最少的资源将公司做得越来越好？如果是，如果有种办法能帮助您更快实现，您愿意听听吗？如果愿意，您耐心地听我讲……

总之，谈判之初寒暄的主要目的，包括一切聊天套话的主要方向，都是让对方随时随地信任我们，配合我们，最后实现谈判的目标。

谈判布局——卖业务1：你有“病”

谈判场上，永远是“他有需求，我能满足”，俗气点说是“他有病，我有药”，而且还是以最好的性价比满足，甚至独一无二。企业存在的价值也是一样，社会有问题，企业来解决。但我如何确切地知道他到底有什么“病”呢？

谈判最容易犯的错误，就是不了解对方的需求，就开始提出自己的解决方案；只顾自己说，不听别人的话；只说我，不管你。哪怕我们是强势的，但我们也不能只顾自己，就像今天的美国，哪怕再强势，也不能完全不顾及别国的感受。不然，谈判是没法进行下去的。

回到正题，如何才能知道别人的需求是什么呢？要明确三个主要的问题：

（1）什么方式沟通？

（2）怎么沟通？

（3）沟通什么？

我们一个问题一个问题地拆解，将一场场大型谈判，变成一个个的中型模块，再将中型的模块分解，学起来就容易了。

1. 什么方式沟通

主要的选项是问、说、答。从这些方式里，你明显能选择得出“问”这个“超级神器”。

问，能让自己掌握主动，我发话，对方来答。

问，能让自己滴水不漏，都是别人说的。

问，尤其是连续的发问，能实现步步为营。

问，被称为踢皮球，辩论选手喜欢问，竞选对手喜欢问，古代先贤喜欢问。

问，在销售中叫顾问式销售，在管理沟通中叫教练技术，在孔子那里叫循循善诱，在鬼谷子那里更是纵横捭阖的重要绝技。

问，我们日常见面说“吃了吗？”“How are you？”解决了没话说的尴尬；

问，明星上台，也总是爱说：“大家好吗？”，谈判高手们总是一谈判就说：“您好，今天我们来谈这个事，您看我们该怎么配合你们比较好啊？”——甩锅式的踢皮球是高手们的必备！

总之，问，无处不在……

把你所有想说的话变成问句，让对方回答。如果对方答的不是我想要的，不是他答错了，而是我问错了。

问：你是准备迅速做完离开对吗？（是啊）

问：如果有方法能帮助你早点离开，你愿意吗？（好啊）

问：那你先过来，大家都想早点离开是吧？（当然了）

问：刚才为什么慢，是不是因为大家乱了，放行的人来不及处理？（好

像是）

问：所以有序排队更有利于我们都快，我相信你是认可的对吗？（是）

问：我相信你经常配合别人，所以大家肯定都很喜欢你吧？（哈哈，你客气了）

2. 怎么问，问什么

过去，你可能从未听懂过“开放式问题OPEN”“封闭式问题CLOSE”。今天我们来探究一下“问”的艺术。借此讲全怎么问话的三个步骤和九大内容：

A. 锁定话题，勾起兴趣——Close关的问题。用来引导别人说话，对方回答的全是“是”，我们也就能步步为营了。包括“……吗？”“……吧？”这样的简单问句（因为它只需要简单回答）；也可以是“A还是B？”“是还是不是？”这样的选择问句（因为它也只需要简单回答）。

张总，您天天忙来忙去，是不是也想花最少的资源让企业更快地成长？（是）

如果有一种办法能帮您迅速实现，您愿意听听吗？（好啊，你讲）

如果我现在告诉您，我一定是骗您的，我需要问您几个问题。（你问）

以上的问句是经典的“勾魂”问句。要想别人十分愿意回答你的问题，没有勾起别人的兴趣是不可能的。它的核心要点是：**用直接问对方最想要的内容勾魂。**

直接，不要委婉，这样能直指人心；

问，而不是说，因为差距有一个互动，对方必须要回答我；

最想要的：每个人最想要的——花最少资源挣回最多。

B. 打开话题，挖掘需求——Open开的问题。用来挖掘需求，由于对方已经有了兴趣想知道你的办法，对方就愿意配合你详细回答，一旦对方不愿意回答了，说明“勾魂”出了问题，又要再重新来一遍“勾魂”。然后开启挖掘对方的深层需求，包括三个大问题和六个小问题。

三个大问题：要什么，为什么，怎么办

①要什么：张总，为了告诉你我的办法，我需要知道你这次谈判最想达成什么目标？困难是什么？（这就是需求本身）

②为什么：为什么目前它会成为一种困难呢？

③怎么办：为此你们希望怎么解决？

前三个小问题：什么时、空、角

④什么时间：你希望什么时候解决？

⑤什么地点：在什么地方解决？解决哪些地方？

⑥什么人物：由谁来主持或解决哪些人的问题？

后三个小问题：多少时、空、角

⑦多少时间：你会有多少时间投入进去？你希望我们每周来几次？

⑧多少空间：你觉得花多少钱解决这个问题你是可以接受的？

⑨多少角度：你们会投入多少人？你希望我们配合多少人？

谈判最大的压力是信息不对称，搜集的信息越多，对谈判越有利。这九个问题一个都不能少，它就是很多来自海外教材常提到的6W3H：which、what、why、How to、when、where、who、how much、how many。

C. 锁定问题，精准确认——关的问题。用来明确问题，因为问了很多问题，或许是对方不经意回答的，或许是我们听得有偏差，我们都需要最后进行精准的确认。

张总，你刚才说的周六对吗？（也可以直接改成“是还是不是？”）

张总，地点你希望在上海对吗？（也可以直接改成“是还是不是？”）

勾起兴趣、深度挖掘、精准确认——我们用三步解决了谈判中的信息搜集问题。此时，我们精确地知道了他的“病”，接下来，我们就可以有的放矢了。

案例：假发卖进沃尔玛

我在××著名企业上班期间，参加了为期两天的培训，培训结束的最后一小时，我们六个小组进行了一次比赛：老师扮演沃尔玛的总裁，我们五个人扮演一家假发公司的最高层，任务是把假发挂进沃尔玛销售，我们要进行一次公关性的谈判。当天我们很幸运，抽签是最后一组上场，这意味着，我们有充足的时间做准备。

当我们冲进"沃尔玛"的时候，沃尔玛总裁（老师）笑容可掬地接待了我们——并没有像一些总裁那样一脸的严肃。

我方—总经理：总裁先生，很高兴见到您，我们今天来想将我们的假发在你们这里销售。

沃—总裁：这与我有什么好处？

我方—副总：我们的产品，一……二……三……

我方—产品经理：我们的产品设计……我们的原料……我们的卖点……

（正当我们你一言我一语、前赴后继地介绍的时候，总裁开始撇嘴苦笑）

我方—服务经理：我们的服务保障有三个方面……

五分钟不知不觉过去了，我们越是滔滔不绝，气氛却显得越尴尬，我们发现老师的脸色越来越不对，在不断的接二连三发言之后，只听到一声暴喝：

"停，我不能再让你们强暴我了！"老师重重地拍在桌子上，然后大声苦笑，继而站起来，走了一圈，似乎他已经喘不过气来："你们简直要了我的命，你们入职多久了？还犯这样的低级错误？"接下来，我们15分钟的演练

5分钟就结束了。我们的幸运被一扫而空——最后上场的优势却得来个中途夭折……那是我这次培训的至暗时刻，也给了我当头一棒，从此点醒了我：先问病，再给药！

不了解对方，你还能准确给出谈判的方案吗？

那我们问问题有技巧吗？我们把“问”借助这一章仔细地总结一下。共有三种：

封闭式——关Close——……吗？……吧？只需简单回答的问题；

选择式——关Close——是还是不是？A还是B？甲还是乙？它只是第一类的变种，可以两种方式切换使用，效果相当；

开放式——开Open——which，what，where，when，who，how much，how many，how to。

它们的应用不复杂：三步逻辑“关—开—关”

锁定话题：关——你是想解决它对吧（对还是不对）？（锁定这个话题，由我主导）

开放话题：开——那你想怎么解决呢？（必须详细回答）

确定话题：关——你是说三天解决，要对方负责你就满意对吧？（确认双方理解一致）

错误做法：

我：我说你为什么不听呢？（开）

他：关你什么事，你管得太宽！（不接受）

我：你想起冲突是吗？（关——关在了双方都不想接受的内容里）

他：想干什么？（开——大战一触即发）

正确做法：

我：你也想过得开心对吧？（关）

他：谁都想吧！

我：所以说话做事的时候我们都要注意点别人的感受，就像我需要尊重你一样，对吧？（关）

他：当然，你需要尊重我，不然做朋友干啥？

我：所以，刚才我说的意思，你是怎么理解的，你分享一下。（开）

他：我觉得你说得对，是为了我着想。

我：对你有好处，我们就应该行动起来，对吧？（关）

他：好啊！

我：那就从现在开始，可以还是不可以？（关）

他：当然可以啊，哥们儿。

谈判布局——卖业务1：我有“药”

医生在望、问、闻、切之后，拿起了那支神奇的水笔——他开始写处方了。我们总是看不懂医生写了什么，也许你我都在想：他是故意的还是本身写字潦草？大多数医生惜字如金，不会给你多写什么，也不会和你多说几句话，或许是他们太忙，或许是他们见过的患者太多了。但他们带给我们的形象是专业的，这种专业的影响力，让患者无法抗拒，通宵、数月的排队问诊完全地相信医生。

这里有两个关键点：

1. 专业价值——学历、经历以及提前充足的准备；

2. 快速达成——不多说废话的达成技能。

谈判是双方利益的博弈。博弈是因为双方对彼此还有价值，否则不

需要谈判。换句话说："你有病，我有药，我有病，你也有药。"谁对对方更有价值那谁就更掌握主动，这一章，我们重点要讲：

1. 专业价值的塑造，影响别人的意识——理性的一面；

2. 强大气场的形成，影响别人的潜意识——感性的一面。

首先看看专业价值的塑造过程

专业塑造逻辑——民事谈判

需求——你希望一次性解决，不要再争吵了对吗？（病——要什么）

方案——目前有一种方案能完全解决，要听听吗？（药——给什么）

特点——这个方案应该是要解决问题，而不是争个谁对谁错，对吧？（为什么能的关键点）

优点——刚才你说你对，他不认可；他说他对，你不认可，这样的方案解决不了问题，是吗？还有就是一味地请出自己人帮忙反而越帮越忙，因为对方不相信你，对吧？所以，本质上必须要解决双方的问题，我相信你也认同了吧？我们这个方案，在处理很多问题上都是最快速的，因为它务实、顾及双赢。（所有方案中最好的）

价值——如果这个问题解决了，你不浪费时间，他也不浪费，有时间，去干点什么不好？！想想时间值多少钱？无价吧！其实，不要纠结这个事情了，开心了，身体就健康，想想半年吵架下来，自己不舒服，全家人也跟着不舒服，再这样下去，全家人的健康可想而知，哪怕争到一点小利益又如何？我们解决了问题，时间有了，健康有了，开开心心工作、生活、旅游、放松，幸福无比，幸福又值多少钱呢？所以，你后退一点，为了全家人的时间，健康和幸福，可以吧？他那边我来说服，你放心，他们也不想天天如此的，对吧？！（用了这个方案，无限价值，好处多多）

见证——你看我们这里办的所有案件中，有打官司的，有私了的，凡是最终结局比较好的，都是同意双赢解决问题。你看这一个……再看这

一个，现在一家人多么幸福……（出示好的证明和不好的证明，将价值放大）

专业塑造逻辑——民事谈判

需求——你是希望成本降低10%对吧？（病）

方案——有一种方案能满足你的需求，你想听听吗？（药）

特点——你希望降低成本，但不要有任何风险对吧？有一种方案，它采用了塑料而不是玻璃设计，成本完全满足你们的要求。（为什么能的原因）

优点——与所有的方案相比，它一定是最引领潮流的，未来的大趋势一定是从轻从薄发展。你我都不希望看到一个产品拿在手上很重吧？消费者也是如此。它是目前为止最轻的、最薄的，也是价格最便宜的。（所有方案中最好的）

价值——就因为它轻，消费者更喜欢，购买可能性更高，销售量就会激增；就因为它薄，产品设计的空间压缩更好，体验更佳，销量也会大增；正因为它价格便宜，能让更多的消费者喜欢，因此面对竞争，就会极速提升竞争力。这样，你们赢得了更多的时间、更好的利润，更多地赢得了客户的好口碑，这是你们最想要的吧？（好处有多少）

见证——过去，A公司从不用这个设计，认为是我们刻意推廉价方案，现在80%都替换成这个了。我给你们展示一些目前采用这个方案的企业，还有就是客户的反馈……（通过证明将价值放大并固化）

有了专业的价值逻辑，也就保证了说话有内容，有料而不空洞。但是光有内容影响人还是不够的。如果让一个人软绵绵地给你讲出来，你可能连听也听不进去。因此，还需要说话者要有气场——强大气场的形成。

气场，就是显示出来的能量，或者说能量的外显方式，核心体现的是内心的强大程度。内心强大，影响力非凡——**小的动，大的定，小的围绕大的转。**

我们时常见到一些不合适的人，走起路来很淡定，说话中气十足，不快不慢，铿锵有力，不卑不亢。这种人无论是处在强势还是弱势的一方，谈判起来都是有影响力的。这种气场怎么来的呢？

身体通：平时良好的体质，谈判前运动热身；

心理通：充足的准备工作，谈判前期中期心理调适。

特别强调的是，气场无论是天生的，还是后天形成的，不好的气场总是谈判容易失败。谈判中往往选对一个人，就会成就一场谈判。有时候你谈不好，换成我上，反而就谈成了，反过来，有些人我谈不下来，而换你上去反而一下就谈成了，这就是我们日常讲的“一物降一物”。总之，谈判需要气场好的人，这反映的就是大小双方“谁围绕谁转”的问题。

周总理在国际谈判的道路上，不卑不亢，赢得了国际上许多国家和人民的尊敬与爱戴。当年中国派代表团参加日内瓦谈判，最初被很多西方记者刁难，后来被以美国为首的西方十五国“围攻”，周总理通过事前充分的准备工作，通过自己强大的人格魅力，无论在正式会议上还是在日常生活中征服了一个个西方国家领导人，尤其是当时的大会主席英国副首相艾登简直成了周总理的粉丝。最后，中国代表团的住处成了大家最愿意聚会的地方。

人与人之间的影响力，往往不是靠“说的内容”，而是靠气场形成的说服力影响人，本质的核心都是能量的传递。小的动，大的定，小的围绕大的转，说的就是这个道理。它要求一个人要有良好的习惯：

穿着：得体、稳重、大方；

吃喝：显得有教养，不在公开场合吃喝，不胡吃海喝，适可而止；

体味：干净散发着淡淡香味；

声音：不大不小，不快不慢，不急于要表达什么；

神态：气定神闲，坐如钟站如松，眼睛有神；

理念：总是站在对方的角度进行，以理服人，以情动人，而不是处处以势压人。

谈判布局——保成交1：你着急

在谈判方案传递给对方以后，往往我们就期盼着对方有什么反应。但对方老练的谈判选手却并没有什么反应。因为或许这是一个好的方案，但对方往往也没有着急到急于交换什么的程度。因此，要想达成共识或交易，就必须要让对方着急，而不是我们自己着急。怎么才能让对方着急呢？

1. 伤口撒盐

英国的谚语说：一条狗坐在一颗钉子上为什么不跑开——因为不够痛。每个人不是最想获得什么，而是首先不失去什么，也就是恐惧的力量大于获得的惊喜。

撒盐人道吗？

这乍一听听起来不够人道，但这个动作就像我们为了医治病人的伤口，会往上面涂抹酒精、碘伏等消炎结痂药品。虽然病人会觉得疼痛，但一时的痛会换来长久的健康，因此，如果表达得当，行为得当，病人是完全接受的。

怎么撒盐呢？

得失之间（角度）——特朗普为什么能在2018年的G7会议期间达成自己的想法，就是因为他将合作与不合作的得失讲完了，一群西方国家感受到了恐慌，尤其是本来强硬的德国和法国开始低头。他的目的达到了，因为西方国家感受到了抵制特朗普可能未必有更多的好处，但是强硬的抵制却一定会失去。最终默克尔和马克龙奔向了华盛顿。

利小利大（空间）——美国为什么对中国的中兴、华为制裁了，但却最终网开一面，就是因为它可以极限施压制裁中兴和华为，但与中国交恶的更大得失却输不起，总不能丢了西瓜捡了芝麻。孩子为什么最终放弃抵抗听从父母的，也是因为可以一时的抵抗但不能永远放弃父母（的资源）。西方国家不顾美国的恐吓而加盟中国主导的亚投行，也是因为利大利小考虑之后的利益驱使。

总结下来就是，如果听了我们的建议，那就是光辉的愿景，但是不听从我们的建议，那未来的损失就是巨大的。这是一道简单的选择题：A还是B，光明的A和黑暗的B。

这样做保障了在大方向上，对方应该着急行动了，但是也不至于要立即采取行动，可以数小时后、数天后。那怎么才能让对方立即采取行动呢？

2. 秒杀成交

局势急缓（时间）——“双11”和“6·18”，全中国人民都已经习惯了秒杀带给我们的喘不过气来的紧迫感——所有促销成交都必须是秒杀。保险行业和房地产行业的“逼定”，妈妈跟孩子说“3—2—1”的倒数，美国对全世界的贸易限制期限到对中国的极限施压都是秒杀。

那什么是秒杀呢？那就是七个字：**限时限量限优惠，**即限时间限空间和限角度，这“三限”形成了“压倒的最后一根稻草”。也就是今天达成协议还有更多的好处——**买菜今日有葱送**。

我记得我们去上海黄浦江边上看一个办公室的时候，注意仅仅是要看一看，不一定非要买。服务人员带领我们看了他们的介绍片，去现场走了一圈，了解了四周的交通和配套，我们的原意是要考虑考虑。他说：目前办公楼涨得火爆，尤其是小户型的，如果是住宅地产可能已经到达比较高的高位，但商业地产却完全不同。关键是上海的文化产业基础定位在南外滩，世界级的电影工厂纷纷落户，上海世博园隔江而望，这块地是目前独一无二的存在，预售火爆，公司不接受随时订购，现场交1000元定金，才能参加最后的选房大会，还能享受1000元当5000元的优惠，如果到时候不买也还能退还1000元。这一谈判的成交策略一下子让我们的犹豫变得坚决：机会千载难逢，小小定金绝无风险，想要未来的巨量升值只有当下做个决定才会有机会，于是果断出手……

状况：万一不接受呢？

但这个时候，你有个疑问，对方听完我们的撒盐和秒杀方案后，不一定接受我们的策略。他们会有很多后门可以逃跑的：那就是各种各样的异议——价格高了、考虑考虑、万一领导不同意、万一亏了、万一还有别人的方案比我们的更好……反正，不怕一万，就怕万一，各种万一堆在一起让我们招架不住，说服不了。那可如何是好？

处理：我们首先得分析原因，那就是对方面对我们的“逼定”，最怕有“坑”——急吼吼地按上手指印，都怕上了地主老财的当。我们需要做的就是让对方放下思想警惕，办法就是告诉对方他没有任何风险。怎么才能做到呢？

以下的办法，曾经是一些商业机密和商业奇谋，看看别人都做了什么：

保险公司在客户犹豫不买的时候，他们的办法是给你十天的犹豫期：也就是十天之内你可以有任何的“万一”，只要你想退就能退，但享受的待遇就是从今天开始就能帮你保险起来。既有好处，又没有风险，两全其美。

当直销的快消品在客户不买的时候，他们的谈判策略是：你不要犹豫，没有万一，即使你买之后，有任何的不满意，哪怕你完全用光了，只要包装还留着，就全部帮你退。也就是他们很坚信自己产品的价值，风险全包在自己身上，你是没有任何万一的。

当苏北某商场快要被国外大型卖场击垮的时候，他们被迫选择最后一搏：七天之内任何产品无条件退款，结果门店人满为患，生意突然奇迹般地狂飙，反而没有出现他们当初害怕的情况：大量退货。

当阿里巴巴淘宝最初生意不好的时候，他们看到了消费者害怕万一买到假货、万一不满意、万一买贵了……他们推出了五天、七天无条件退货等策略，最初很多商家不肯承诺，结果生意不好，于是纷纷开始承诺。但是承诺后又出现了退货纠纷，最后阿里巴巴在央视打广告来承诺所有的风险都由阿里巴巴来承担，于是终于成就了一批批的“剁手党”，后来还成就了威力强大的蚂蚁金服。

近年来的恒大地产，四处打广告：无条件退房N周年……地产界为此变了天……

为什么说这是商战的奇谋，是因为它不是没有风险，而是有一套商业的算法——算总账，而不是算单笔账。

单笔算：肯定是有风险的，万一对方不同意，确实是百分百的风险。但利润又从哪里来呢？

综合算：单笔可能有风险，但是不做这样的承诺，大多数的成交都无望，这样反而总体成交最差。只要承诺了客户无风险，100个客户里，你可以要求100个成交，哪怕拒绝了40个，还有60个，也就是成交的概率有60%。这样，谈判成交的概率就大幅提升。蚂蚁金服正是因为承担了客户的大部分风险，才在金融领域异军突起，让传统银行步履维艰。

在我十几年的谈判教育工作中，经常会有人问：我们做不到退货，我们产品不同，怎么办呢？

经过无数年商业人士实践，人们探索的办法基本能化解这个矛盾。那就是对承诺进行改进：

一阶：承诺犹豫期。也就是合同存毁问题。适用于重大设备产品，或者无法赔偿的产品，只要有承诺犹豫期，客户更容易将合同签好，哪怕最后客户反悔，我们仅仅损失的是一单生意。

二阶：承诺无条件退货。对价值不大，但客户数众多的消费类产品，为了减少谈判的沟通时间，我们可以做此承诺，哪怕真有损失，也能从别的订单补回来，如果不承诺，反而让对手抢了机会。

三阶：承诺无条件赔偿。对于自己有十足信心的产品或服务，谈判金额也不巨大，我们就可以采取这样的策略，让竞争对手没有机会。

谈判布局——我帮你1：不情愿

谈判是一个艰辛的过程，不一定我们做了所有的风险承诺，对方就会接受谈判的条件。如果对方仍不接受，需要谈判条件，或者按照他们的条件来做，我们接受吗？你需要认真地想一想。我们先来做一道小小的谈判题目。

我卖个水杯给你，200元，你要吗？

180元呢？你要吗？

150元呢？你要吗？

100元呢？你要吗？……

你已经看出来了，只要我一直降条件，你就会觉得我的水分是极大的，因此不可能接受我的条件。这个小谈判也告诉我们，当对方提条件的时候，我们首先就是不接受，或者叫不情愿接受。

情愿，代表你着急，代表你动而对方定，小的动，大的定，小的围绕大的转，只要在我们设定的范围内，我们就应该是不情愿的样子。

一个长得再美的姑娘如果极为情愿，都会让你产生不好的联想，相反，一个矜持的姑娘，哪怕长得不是最漂亮的都有几分味道。谈判现场，比的就是内心的强大，谁极为情愿就代表谁的内心没那么强大——因为无意间让对方掌握了谈判主动权。

中国在早些年形成了铁矿石采购的联盟，以上海宝钢为首的企业牵头形成中国铁矿石采购联盟共同对三大铁矿石公司施加压力。由于中国钢铁产能已经形成了巨大的规模，在不断追求增长的前提下，不断加大采购量，而中国又没有其他供货商可以选择，过于“情愿”的局面不断出现，导致每年铁矿石上涨，最过分的是货已经供了一年，价格没有谈好，到年底再多退少补。这些年，一方面我们打击如胡士泰这样的“内奸”，另一方面降低无效产能，中国钢铁产业关键要赚钱而不是要不断提升产量，在这样的大背景下，中国开始不情愿起来，不断形成了更有利的谈判局面。

我方不情愿，其实对方如果谈判水平比较高，那么他们也不太情愿。这是一种常见的局面。形象地讲，就是我们双方都各自爬到各自的珠峰顶上去跟对方谈判，但一方要求对方下到珠峰山腰进行谈判的时候，没有一方是情愿的。不情愿不光是一种常态，更是一种心态，它成为我们面对世界的一种态度，也就是在我们的正常价值范围内，如果对方还有过分的要求，我们总要显得不情愿，不然就会“丧权辱国”，谈判失去底线，换来对方一次次的得寸进尺。

谈判布局——处理僵持

那么问题来了，双方都不情愿，不就是不欢而散了吗？不，因为并没有谈崩，也就是僵持。此时，我们都还有牌，那就是时间、空间和角度。因此：

A. **换角度**：就是从原来一定要达成交易，赢得更多（我的角度），变成能双赢就行（双方角度），或者双赢不行，我们先输掉一次（对方角度）。赢和输都是谈判的选择，因此，我们可以轮着选择。

B. **换时间**：如果连输掉一次都不行，那就“抻一抻”“晾一晾”“放一放”“歇一会再说”“喝杯咖啡再说”，也就是拖时间。这样做的目的一方面看谁真着急，另一方面我们也有时间去了解更多的信息，获得更多的谈判筹码。

C. **换空间：**如果换完时间，仍然不行，那只能换空间。“天色已晚，去餐厅边吃边聊”或“天色还早，再去办公室聊一聊”。总之，去更“大”的地方，去我们更能有主场地位的地方，包括人更多的地方，或更专业的地方，或者显财力的地方。总之，必须把天平里的我们这边的砝码越加越重，达成天平的一边倾斜。

这时，我们再总结一下，就是，**谈判僵持就换牌**。

附：夫妻之间冷战有必要吗？

很多人在谈判中表现不错，但在夫妻生活中却总显得着急。夫妻一闹矛盾最初还不着急，把持得住自己，一到晚上就想立即和好，认为夫妻之间的矛盾不过夜，当天必须和好。

其实，夫妻之间不要结怨是最好的。可是如果对方有严重的过错（谈判严重超越了对方底线），最好还是要有冷战的时间。它表示“你过线了，你必须要先来跟我认错，而不是我去主动讨好你”。

结婚前，很多男人是“销售”——姿态略低；结婚多年后，很多男人变成了“采购”——姿态要高一些。其实，无论怎么变，男女的地位必须要相对平等才能长久相处。合作也是一样，只要一方太过情愿，不会使用僵持或者不愿意僵持，都会失去爱情，失去婚姻，失去我们想要的合同，甚至长远的合作。

僵持不光是一个谈判的过程，更是一种策略选择。这种僵持可有，也可无，可以长，也可以短，它最好能被我们主动掌控。自然形成的僵持太短或太长，都不一定是好事。

经过了这一完整“我大你，我爱你；你有病，我有药；你着急，我帮你”之后，谈判到了一个让人呼吸紧张的点：该怎么进行下去呢？是挺住，还是让步？会成，还是会败？我们是应该感到害怕，还是应该觉得正常？心悬一线。

其实，这是一个谈判的必然过程。经此一役，我们成功进行了谈判的布局——销售了自己，塑造了价值，表达了合作的意愿但不卑不亢，我们让对方了解到，我们的价值就是在“珠峰”最高点——8848。很多谈判的课程认为，这是一个“建锚”的过程，也就是将谈判的基调定了一个调，这个调是我们定的，是掌握主动权的。

10

谈判中期策略：谈判守局

故事：780万美金合同

有一天下午，我收到一个短信："李力刚老师，有空吗？帮我一下"。正在出差的我，因为赶时间没太在意。接着，对方开始催促了起来："老师，在吗？急，帮一下忙！"……我下飞机后已经是晚上了。我们急忙开始了通话。

"老师，我780万美金的出口合同，外国人说，如果我不降价，谈判就算了，我怎么办，降吗？"——这个问题乍一听的时候，你蒙吗？我和你一样，一听这个没头没脑的问题，我除了一头雾水，还是一头雾水，先干啥？当然是了解详情。

我们通话长达一个多小时，我提议："挺住！"

"老师，万一挺飞了呢？"对方说。

"不会的，只要你记住收放自如的方法就可以！"

"老师，我给您买机票，您飞到北京来帮我吧！"

"不需要我去北京，你自己就可以的，相信我！"

……

一天过去了，当我都快忘记它的时候，第二天晚上九点多，一个电话打了过来：

“李老师，我成功了！我成功了！我只让了一点点就成功了，感谢您啊！”

十多年前的一件事，虽然普通，但是它却表达了一个谈判的阶段性重要选择，谈判到了僵持阶段的时候，是挺住还是让步。答案是：挺住！因为不挺住，代表我们之前报的条件全是虚的。

你可能会问了：你说的收放自如是什么策略呢？

谈判守局——我大你2：审时度势

当谈判进入僵持后，我们换了方式处理，如果照样没有效果，那就需要再次看看当下局势：谁大谁小。

局势在不断地变化 ，或许对方突然就着急了，我们的强弱关系就发生了改变。正如NBA在中国本来占有强势的谈判地位，但是火箭莫雷事件后，连NBA的总经理肖华都着急了。

这种审时度势是要经常在调研之后做的，就是对当下局势有一个清醒的认识和判断。一定要在“我大你”或者我局部“大你”的情况下，谈判才能顺利地进行：

A. 要么我更占有“人和”；

B. 要么我更占有“天时”；

C. 要么我更占有“地利”。

谈判守局——我爱你2：请示领导

为什么请示领导有这么好的作用呢？

因为它代表着，在紧绷到极限的时候，将谈判的神经松开一会，让对方感受到我们的不让步真是没有空间，是事实，不是故意的；同时，我们也一定要挺到对方感到时间不够了、着急了、自己先让步了；我们挺住，还有一层意思就是让对方感受到他们的坚持是有成果的，有一种赢的感觉。

回旋的办法，就是搬出“领导”。似乎他更有权限，一定能解决当下的矛盾。对方值得期待，这样双方就不至于“憋气过度”而互伤谈判。

那是真要请出领导吗？

不，这只是一种姿态，因为这个请示本身就是一种姿态——缓和气氛的姿态。只要这样，我们就能守局——这个局暂时不被破坏。

但领导即使真正出马，也未必能解决问题。因为这是我们虚拟的。情急之下，你又会派出谁呢？不知道派谁出马，或者干脆就没有更多的人出马，只是姿态。如果对方必须要我们请出谁呢？是董事长、总经理，还是副总、总监？不，全都不是，这本身只是一个策略，为什么要请出具体的谁呢。所以，请示领导，必须是请示一群人，而不是一个人。如果你是董事长，就要和兄弟们打个招呼，如果你是总经理，就得请示董事会。

有了“请示领导”，我们就永远收放自如了，一到极限，我们就可以说“稍等，这不是我的意思，而是领导们的意思，你们稍等一下，我们再请示一下。”——多好的感受，主动权就掌握在我们的手里。

永远是我们请示领导吗？

答案是否定的。这还是要看势——谁优势谁劣势，也就是谁大谁小。势大的一方，掌握着主动权，而势小的一方，却经常被对方调动。具体怎么操作呢？我想你已经有了答案：

当我们优势的时候，让对方请示领导：“你们如果还有兴趣合作，赶紧去请示一下领导，不然我们这边也没有办法了……”这时候，如果我们去请示领导，往往会把自己搞得被动。

当我们劣势的时候，建议大家都去请示一下领导，或许还能找到更好的答案。我们明明知道对方不太可能去请示，但我们一定要表现出一种姿态，虽然事情很困难，但我们一直在想办法，一直在努力。对方如果真想合作，也应该努力一把。

一些企业领导人，就因为太强势，经常“出现在事故第一现场当恶人”，要么成为员工眼中的恶人，要么成为客户心中的恶人，没有更好回旋的余地。

在现场请示还是出去请示呢？

请示领导本身是一个虚拟的过程，有些人认为在哪里请示不重要，反正都是虚拟动作。但其实不是，在现场请示你需要有具体的动作——打电话。你说什么，怎么说，都很考验你。因此请示领导的地点最好离开谈判的现场。

外面什么地方最安全呢？要求是：最好“我什么也没有干”这件事对方一点也不知道。所以哪里封闭往哪里去——想来想去，还是卫生间最安全。没有人知道你去了哪儿，你说了什么，多久出来，都不用去交代——多好的场地。

当心“请示领导”的怪招！

第一种：有些谈判对手总是喜欢“请示领导”。但让你不舒服的是，他们不光有领导，还有领导的领导，还有领导的领导的领导，如果再加上他们是强势的一方，那谈判就会显得困难重重。怎么解决呢？揭穿他们：“我知道你们用的是请示领导的策略，我们大家都不用这么麻烦了，如果真的觉得合适，为了不浪费时间，我们就直接做决定吧。”

第二种：质问“你说了算数吗？”或“你能做主吗？”如果我们是强势的一方，这种质问能加强气场，让对方迅速感受巨大的谈判压力。那如果我们弱势的时候，被对方质问，我们又该如何处理这种困局呢？

在我没有经验的年代，面对大客户的质疑，我说："我说了不算！"结果人家要求我换一位说了算的人上场，我们一下子就失去了主动权。后来，我换了更为强硬的做法：我说了算！悲剧的是对方要求我再降低条件，不然不再合作，还强势地要求，这是必需的。

实效的谈判话术技巧是："今天我来，公司给了我相应的权限，董事长来和我来是一样的，是公司级权限，在权限范围之内，我说了是算的，如果超出了权限，就算董事长来了，也和我一样，必须带回去给董事会做决策，我们开始谈吧！"这样，我们就又收放自如了。

但是，"请示领导"回来后怎么回复对方呢：坚持挺住？还是同意让步呢？

这个问题，经常会有人说："老师，我觉得必须让步，如果不让步，你回去干吗，人家的期待一泡汤，就会恼羞成怒。"你认为呢？

我们想想，如果你胆敢让步，对方就会发现：只要施加压力，就会有收获，那就继续施压。因此是必须挺住的，可是如果对方转身就走，一切都完了。

别怕，必须要挺住，挺到对方真正转身就要走的时候，绝招上场了。

谈判守局——你有病2：踢球策略

你明明知道自己让步，对方会得寸进尺，所以答案很简单：**首先拒绝，再让对方出牌！**

首先拒绝："××，我当场被骂了一顿，领导说，这个降条件的动议公司肯定是通不过的，这么低的条件怎么可能接受呢？公司还要继续吗？我们就这样不要底线吗？……"总之，拒绝，让对方知道，领导怒了，是因为公司实在没有办法接受。

此时对方的态度，可想而知，一定是继续给我们施加压力——不行，就算了！我们又如何应对呢？

再让对方出牌："××，你也别着急，领导也说了，既然你们要求让步，我们也不是一点也不让，多少也要表示一下，这是合作的诚意问题。但因为已经严重超越底线，所以，我们公司没有先例，而你们站位比我们要高，知道得比我们也多 ，年龄也比我们更有优势，这样吧，你们看我们该如何降条件比较好一点，你们提一种方案出来，我们带回去向领导请示，如果不行，我们再看！这样就快了。"

此时对方的态度就很考验双方的水平了：

A. 他们不出牌，把皮球踢了回来，让我们继续考虑，否则就算了。

B. 他们先出了牌，提出了让步的建议。

那我们又该如何应对呢？

A. **对方踢球，不出牌**：这说明对方谈判有经验，因为"谁先开口谁先死"。此时，我们必须将皮球继续踢给对方，理由是我们实在没有办法，才让对方这么做，哪怕再离谱的方案也请对方提一个——这样皮球就会飞来飞去，最终会落到谁的手里呢（你想想）。最后，只会落到着急的人手里，而不是处于劣势的人手里。我们这样做的目标，就是要守局，挺住，坚持不让步。只要对方一出牌，就先暴露底线，我们就可以瞄准行动。

B. **他们出了牌**：无论对方出牌是正常还是严重超越底线，我们都只有一个答案："你们这个条件简直没法带回去请示，只能请你们重新提一个。"无论对方怎么提，我们的结论永远一样……我们再看情况决策下一步动作——如果超越了底线，我们只能说遗憾，将谈判人为陷入僵局；但如果没有超越底线，我们则请示领导再来回旋："既然你们也提不了更好的条件，这样吧，我好歹也去跟领导汇报一下，看看他们的意见如何……"

踢球是谈判的常用策略。最常见的莫过于招投标，它的本质就是甲方不出一张牌，却让乙方相互亮牌，不断压价。如果再来个不规范的二次招标、三次招标，那就“杀”得对手片甲不留。很多大型企业在网上进行比价，要求供应商不断更新自己的价格，但供货商永远不知道竞争对手的价格。这种“套路”型的操作让谈判变得容易，但乙方却永远失去主动权。

我在课堂上编了一句好玩的话：**“永远不搞自杀，好歹弄个他杀。”**专门强调一下，在谈判守局的时候，即使要降条件，也不能自己先开价，而是让对方先亮牌。

踢球策略，如果用谈判三张大牌时间、空间和角度来定义，它属于“用角度守局”——也就是从我的角度不行，就从领导的角度，从领导的角度不行，再从对方的角度。

但这样就一定管用吗？当然不！如果对方仍然选择转身就走，又该怎么办呢？

谈判守局——我有药2：格局策略

异议的含义：以前，我们常认为对方的各种异议，表达的是对方太过分，贪得无厌，其实，**对方的任何或真或假的异议，只代表“你们没有给够，还得继续给”**。对方有任何要求，我们都应该觉得正常，因为人性如此，需要我们以不同的策略应对而已。

对方说条件高了、离谱了、领导有意见了，还算是比较客气的，对方转身就走，才是最大的异议——我在课堂上把这种情况称为“撕票”，对方动不动就撕票，怎么办？

先处理心情，卖自己：谈判现场，我们基于人性都只能做一个“好人”，因此无论对方怎么不同意，怎么异议，我们都只能传达“明白你的意思”“我理解，我理解”。只有这样，对方才愿意信任我们，才能谈得下去。总之，随时随地要“给”，理解对方，即“给小名，卖自己”。除了“给小名”，当然还可以“给小利，卖自己”，也就是再免费体验一下，再给一点小小的让步——不过这都只是象征性的。

然后处理事情，卖业务：要想处理客户转身就走的巨大异议，就要“给够”。心理学上讲，人们不在乎真正拥有了什么，而在乎自己以为自己拥有了什么，这就是信仰的力量。所以，在谈判中要让别人相信自己拥有了什么，也就是价值塑造的能力。如果现在的价值不行，那就塑造未来的，要把全部的时间、空间和角度打通开来（包括过去和未来、微观到宏观、自我欲望到社会奉献）。也就是全方位进行价值塑造，从一个小的格局谈到大的格局：从此时，谈到任一时候；从财富，谈到健康、幸福；从小我，谈到集体、中我再谈到社会的大我，让对方相信，只要和我们合作，就已经拥有了什么。

通俗了说就是，就事论事地讲，谈判总是谈不下去的，如果从一个层面拉高到另一个层面谈——格局大了事就小了，事大了格局就小了。

案例1：买房

我为了砍价提出了异议：

我说：你的房子有问题，就是外墙不漂亮，一看就没有某某公司漂亮。

销售：先生您说的我理解，我们确实外墙没有某某公司漂亮，但您有没有发现，如果仅仅是外墙好看了（小格局），房价是不是也一样会更“漂亮”了呢？（大格局）

我说：你的房子还有问题，推给我们的房子靠近马路，吵！

销售：我们都不喜欢挨马路的房子，您的心情我们完全理解的，家人一般都不喜欢这样的房子。我想问一下，一个社区有2100亩，像老人和小孩子这种没有车的人，连走出去都很困难，您希望不希望他们一出门就能上路

边的循环巴士呢?(大格局:天堂般的愿景)

我说:你的房子离上海市区太远,我们上班不方便。

销售:我从市区来上班的时候,第一次来转了两部车,用时一个多小时,感觉到真的是太远了(理解),但您有没有发现,如果一出门,就上沪嘉高速公路,再转中环线到徐家汇市中心只要20多分钟,在上海这样的大城市,您还觉得远吗?(让我相信了这确实不远)

案例2:李斯之变

秦始皇去世后帝国的高层决定秘而不宣。李斯作为秦国的宰相,最初是按秦始皇的遗愿要迎公子扶苏回长安继位,可是却抵挡不住奸臣赵高一路的威胁。李斯从坚决的不同意让胡亥篡夺王位到后来言听计从,就是基于赵高的说服能力。

赵高说:"丞相,您想想,在朝中,您的功劳能和蒙恬相比吗?您的威望、计谋能和蒙恬相比吗?况且,扶苏对您的信任一般吧,对蒙恬信任却不是一般的深,假如扶苏即位,那丞相的职位肯定就不是您的了。丢掉丞相职位倒是小事,身首异处可就不是小事咯。您还是好好想想吧,命运就掌握在您自己的手里。"

赵高站在了李斯的位置"着想",奸计使坏,帝国的命运因此而被改变,可见提升格局的力量。

案例3:汽车销售

我买车的时候,因为选中的款型畅销,凭空加了一大笔钱。我很不满,于是开始跟他们沟通这件事。

我说:你们这样做,这台车我不要了(转身走人,让他着急)。

销售:先生,您的心情我可以理解,但公司规定,没办法呀。您不要我就开会去了，对不起啊（他准备先走，让我着急）。

我说：你这样做不太好吧，加这么多钱，一点不让？

销售：先生，这不是我定的，公司定的啊，我也没办法，还有什么可以帮您的吗？

我说：你不降价，我不会要的，我无法接受凭空加价！

销售：先生，您买来干什么？

我说：我买来做商务用。

销售：您的形象重要吗？没车的时候很多人愿意等上一年也要等，今天您只是加一点钱就提走，老板们都是拿金钱换时间的，您一看就是比我们更智慧的人。只要次次都能展示极佳的商务形象，可能生意要好谈很多，加这点钱迅速就会赚回来的，这台车至少用十年八年的，那回报不是一点点。如果您今天不提，明天就台车就一定不是您的，因为现在缺货严重，您看呢？（拉大格局）

我说：你们也有些系列不好卖吧？

销售：是啊，可是这款车严重缺货，偶尔才有现货。

我说：你是不是天天忙也是希望业绩大幅增长？（我开始勾魂）

销售：是啊，谁不想呢。

我说：如果有个组织愿意帮你们搞试驾会，由你来操办怎么样？

销售：很好啊！

我说：我是商会的会员，与我们车友会交往比较多，我来帮你组织。（拉大格局）

销售：那谢谢您啦。

我说：只要你帮我便宜下来，你们挣得比这个要多很多。我理解你们公司想加价的想法，但我知道你可以向公司推荐、建议，申请降价。我们双赢，这样不是更好吗？

销售：先生，这不是一回事，哪怕帮我们组织试驾会，我们是很高兴，但这台车是不能便宜的，公司有规定。（失败）

我说：你要是一点不便宜，我绝对不让步。

销售：那我送您100元钱！（象征性让步，处理我的心情）

我说：你这是不是有点侮辱我的意思呢，加这么多钱，降100元。

销售：先生，可能我不太会表达，让您误会了。加价是公司规定，100元是我送的，因为您没有开车过来，来程的打车费我来付。绝没有要侮辱您的意思。

亲戚：你就是侮辱我们，送100元算什么。

销售：那您觉得侮辱的话，开玩笑地说，那我能请求您先侮辱我一下行吗？（无语中）我真是没有这个意思，对不住您啦。

我说：你必须让步，不然，我从情感上接受不了。

销售：先生，如果您认为我给的不够，我也是个打工的，您希望我让多少，您来开个价，只要我给得起就行。（苦肉计）

我说：那不必伤害你啊，只要你去公司申请就行。

……

在这一守局策略中，我们明白一个道理：只要对方有异议，就说明我们没有给够。但是一直给肯定是有问题的，如何阻止呢，刚才的案例中埋藏着中国古老三十六计中的“苦肉计”。

练习：公司没有空间了，要降条件，只能让我个人来付，你愿意吗？

练习：如果这个让步您不满足的话，我也是个打工的。（目的是让对方出牌，再用踢球策略）

练习：我们张总没坚守公司的规定，已经越权为您争取了很多。如果还不行的话，您看我能做什么？只要我能承担得起，你们不责怪张总就行，因为他也实在没有办法了。

由此可见，请示领导、踢球策略、格局策略，是一套连环计策，既可以单独使用，也可以连环使用。

最后强调，如果踢球策略动用的是“角度”这张牌，那格局就更主要强调时间——看未来，看更大的东西。

如果格局策略还是不管用，又将如何应对呢？

谈判守局——你着急2：折中策略

谈判就是妥协的艺术，这个守局——挺住的过程是艰难的，但也是必需的。如果对方又要“撕票”，我们怎么办呢？

其实，只要对方一直在和我们交锋，在洽谈，就说明他们还有意向。对方花了这么长时间，我们也花了这么长时间，双方都愿意合作，只是条件谈不拢，因此，如果他们希望我们让步，那我们只有一个办法：

“你们也希望合作，我们也希望合作，那就都往中间靠一靠，这样双赢，不是吗？”

如果对方愿意折中，说明他看中了我们的价值，也是着急成交的，同时也认为自己最初还价不合理，也是“演戏”，都得往中间靠一靠才有可能成交。但折中策略应该怎么操作呢？

A. **谁来折中：**我来折中，那我们就先出了牌，对方一旦咬住不放，说领导不同意，我们就失去了主动权。所以“谁先说话谁先死”，在这里就改成了“谁先折中谁先死”。因此，尽量让对方先折中，对方随便提什么方案，我们都不情愿地表示，这个条件是连请示的必要都没有的，必须重新提一个更好的折中方案。

B. 折中极限：我们必须坚持到对方不愿意，快要崩溃为上策。我们任何时候的坚持，都是值钱的，因此，必须要坚持到最后。

C. 要求对等吗：很多人曾问，折中是不是要求各让一半？不是的，折中就是一个都往中间靠的过程，往哪一边靠得更多，要看谈判的水平。

折中策略，并不是一个让步的过程，而是一个“我损三千，我也要让你自伤八百”的策略，也是一个守局——挺住的策略。它彰显了我们合作的开放态度，让对方容易不愿意折中而陷于不义。即使我们让步了，对方也让步了，那还是守住了。

但是，对方不愿意折中呢？

谈判守局——我帮你2：交换策略

对方不愿意折中，但他们也不能不出牌。所以，谈判到最后的时候，他们往往在经过更多的考察、交锋、探底之后，给出一个合作的意向条件。这个意向往往低于我们的期望（当然更低于报价），我们接受吗？

接不接受看有没有超越底线。谈判的底线往往与我们的成本、竞争的态势、总体市场稳定是相关的。如果超越了底线，要么亏钱，要么虽然赢了对方但利润减少，要么引发客户关系的不稳定，因为厚此薄彼了。因此：

A. 超越底线，先收兵：因为这一警戒线是我们出发前定好的，如果现场立即做决策，往往会被对方“忽悠”，因为你可能被对方激发或激将得失去了理智。选择暂时性休会，与团队商量后再做决策。

B. 如果当下有利润或者虽当下没有但未来有比较大的价值，答应对方，不过有条件。

谈判的本质就是一场场的交换。它意味着：

本质决定：如果有一方绝对强势，直接使用霸王手段而不选择谈判，一旦轮到谈判，就一定不会有绝对强势的一方。也就意味着必须要进行交换。

守局手段： 交换让我们在失去很多的时候，要了一些回来，这样对方不至于得寸进尺。

保住信用： 只要无条件答应对方，就证明我们最初撒了谎，谁又能接受一个人在谈判中明着撒谎呢。

维持平等： 我们如果认为无条件地答应了，就是对对方最大的好，那你就大错而特错。相反，只要我们无条件答应，我们就会像晚期清政府一样，变得丧权辱国，因为对方永远不满足，认为我们空间巨大，进而演变成肆无忌惮，绝对强势起来。可以说谈判的不平等都是由我们自己造成的。

显得大气： 交换极大地让我们变得大气起来："我没问题，只要你们答应一些条件就OK啦。"只要对方不答应，反而显得对方很小气。

三大筹码： 就是谈判的三张牌进行交换。

时间换空间： 要答应你们可以，你们得把留给我们的时间拉长一个月。

空间换时间： 要答应加快时间可以，价格帮我们降10%。

空间换空间： 降价可以，但是我们的技术人员需要调整两位；降价可以，我们需要换一种技术，用国产替代进口的；降价可以，你们自己来提货。

时间换时间： 我们加快速度可以，你们给我们图纸的时候也必须加快五天。

知识点： 交换需要对等吗？

当然不需要。交换只是需要对方付出一定的代价而不是对等的代价。主要是为了阻止对方得寸进尺。只要每次对方都要付出代价，就会减少进攻的次数，不给自己找麻烦。

案例：孩子教育

孩子玩耍时总要把东西砸在妈妈腿上才会开心，多次之后，妈妈愤怒地把孩子的玩具给没收了。孩子用哭闹来引发众人的注意：谁来救我啊！（通过造势来借势）

爸爸坐在边上全然不理，因为他要表现得和妈妈一个态度（爸爸做得对吗？）。因为是孩子的行为超越了爸妈的底线，所以要交换出一样东西作为惩罚。可是孩子不愿意啊！他继续哭闹。

屋里的爷爷听到了，最初认为孩子父母在，不宜出来干涉，可是孩子径直跑到爷爷屋里，坐在爷爷床上哭——因为平时爷爷最疼他。哭闹得久了，爷爷决定出面处理一下："你们把东西还给他吧，他也哭这么久了！"（你认为爷爷的做法正确吗？）。妈妈不同意，让爷爷回房去休息。爸爸也没有吭声。

孩子继续通过哭闹让谈判处于僵持。此时，大家都不出牌，妈妈可以直接还给他，爸爸也可以让妈妈还给他，爷爷也可以生气，耍横来要求爸妈还给他，孩子也可以直接选择接受，不再哭闹。可是谈判就这么僵在这里。孩子哭闹叠加的时间长短，对大家的心理影响完全不同，爷爷首先扛不住了，径直冲到客厅大声吼道："你们不还给他，我今天就不活了，孩子的哭声严重影响我的心，我已经喘不过气来了！"爷爷此时变得霸道，强行要解决问题。（爷爷如果绝对大，是没有问题的，可是爷爷在家就一定大吗？论辈分？财力？脾气？还是在理不在理？可能还是综合因素说了算吧。）

爸爸终于站了出来："爸，孩子教育的事，您也别发脾气，他妈也是为了教育一下他而已，您先回去吧，影响您休息了，对不起啊！"爸爸用一声道歉把爷爷送了回去。

在爷爷和爸妈交谈期间，孩子居然在屋里一点哭声没有——这是在探测情报啊。等爷爷回到屋里，孩子居然冲着爷爷大吼："爷爷，您太不像话了，您是他们的爸，您为什么不敢帮我打他们！"

孩子的教育原则是什么？其实与谈判一样，只有交换，如果家长们都在孩子的不断挑战中，没有原则和底线，也就是全都无条件让步，我们可以想象，这个孩子的未来会是什么样的。爷爷如果无条件让步，去帮助孩子打压爸妈，今后这孩子就会因为有一个保护伞而无法管教。因此，爷爷应该认识到，这个过程中，自己是一位调停人，如何扮演，我们接下来会讲。

爸爸呢？因为不是主谈代表，因此，作为副谈代表要与主谈的意见相一致，顶多就是解释、帮腔的工作。话多是不合时宜的，因为妈妈在控制全局，如果爸爸乱说，要么降低妈妈的权威，要么降低爸爸的权威，反而让孩子有可乘之机来寻找所谓的援助。

最后，妈妈说话了："你要是这样一直乱来，我们家谁都帮不了你，平时爷爷奶奶、爸爸妈妈都爱你，哪里舍得打你欺侮你，如果你答应妈妈一个条件——今后自己玩任何东西都不能伤害别人，包括家里人和外面的小朋友，你答应我就还给你！不答应，你就这么僵着，晚上也不要和妈妈一起睡！"（还拉升了格局）。

后来，孩子从爷爷的房间里走了出来，自己解决了一场谈判的尴尬。你觉得孩子教育需要这样吗？想想中国某著名歌唱家的儿子，正是因为教育的缺失而使他在十几岁的时候带来了牢狱之灾，是多么的可怕。

谈判守局——处理僵局

交换是谈判的本质，但交换多少就需要大家进行谈判。经历了请示领导——踢球策略——格局策略——折中策略——条件交换，我们将守局策略形象地简化为：向内——向外——向前——主动相向——被动相向。抵挡这么多轮"斩杀"，我们要的就是挺住：守局。但是如果交换的条件完全谈不拢，谈判进入最艰难的时期：僵局。怎么破？

僵局本质：在我的教学生涯中，提得最多的问题就是，谈判僵局怎么破？我们得先认识僵局的本质，它其实代表一方或双方的牌全部出光，仍然谈不拢。时间也换了，空间也换了，角度与转换了，仍然不行，这就是僵局。

不是僵持：僵持是手上还有牌但暂时不出牌，而僵局却是牌已经出尽但仍然无法靠拢。僵持只是相互“端着”“拿着”，看哪一方先动、先着急、先露出破绽；但僵局却是进了死胡同，无计可施。形象地比喻就是夫妻冷战就是僵持，但是找不到办法过下去了就是僵局。

不是对抗：对抗是一个问题或观点的针锋相对，如顶牛、抬杠、玩针对，对抗一听就经常带着情绪；僵持是一种理智后的策略；但僵局往往是情绪也用过了，理智的僵持也有过了，仍然无计可施，死局。

破裂前夜：僵局如果处理不好，谈判就只能宣布破裂，前期所有努力都化为泡影。我们往往都因为利益比较大才怀着极大的希望去开展一场谈判，肯定是不希望轻易就破裂的，因此才有那么多的人要问僵局怎么办？但前夜毕竟是前夜，至少还有“一夜”的时间等我们去准备策略来化解。

常常故意：谈判一方经常将谈判故意推向僵局，让另一方客观上无计可施，目的就是让对方着急而加强自己的优势从而达到目的。如男朋友只要不答应，女生转身就走。从这里我们了解了谈判僵局不一定全是个负面的东西，它可以是一张牌、是一种策略，可以拿来随时应用。

好啦，该进入正题了，如何破？

破解思路：谈判僵局的核心是“双方牌已出光”，重点是双方。就如同你和我的牌出光了，怎么办？答案很清晰，不断地引入更多方——抬出第三方。夫妻之间陷入僵局可以拉孩子入局，也可以拉双方的爸妈入局；国际上，国家之间的谈判陷入僵局，很多国家为了显示存在感并获得更多政治收益都会愿意充当第三方，律师、法院、仲裁机构……都是我们经常看到的第三方。第三方有什么要求呢？

双方信任，也就是一个可以站在中间立场的人或组织。只有一方信任不能充当第三方。比如黑社会、有偏见的朋友或亲戚。公信力，是第三方的唯一标准。公证处，是我们认为政府给我们提供的公信力机构。

大多数时间，我们都希望找到偏向我方或相对偏向我方的第三方来协调僵局。因此，打破僵局的做法就成为：

A. 寻找我方的人出面协调，如找我的领导出面。可是对方怎么同意呢？这就要求我方领导出面的时候，先要求我方小让一步，以显示领导的公正性。如果前面只是假惺惺地去请示领导，那这里可能真要请领导出马了。

B. 寻找对方的人出面协调，也就是偏向我方的人或者就是内线。当时诸葛亮出使东吴，寻找的人就是自己的哥哥诸葛瑾，而诸葛瑾出使西蜀也找了自己的弟弟诸葛亮来协调都是一个道理。

C. 寻找我方的第三方机构，所有谈判合同的最后，都有一句：万一发生纠纷，请至我方法院或仲裁机构处理。

这些年，我国经常依靠国际仲裁机构处理贸易争端，就是一个谈判处于僵局后的重要选择。

习题：

夫妻吵架了，是应该找我妈出来协调好还是找他妈出来协调好？

谈判的僵局意味着整个谈判命悬一线，只要斡旋不好，谈判立即破裂。梳理一下谈判的困局包括对抗、僵持、僵局，最后破裂。整个挺住的过程好比走钢丝，既是人生或生意演出的重要一部分——必须得走，但又时刻险象环生。

谈判其实就是妥协的艺术。

为什么要妥协？

A. 本身留有空间。懂进退，才有发展，有空间才有机会。

B. 妥协代表的是“给”满足了人性“要”的天性，不合作就是我们没有给够。

C. 时空在发生变化。时间和空间在不断地发生变化，我们原来坚持的东西，反而可能成为累赘。比如，你最初一直坚持要拥有白银，但后来白银不值钱了，这种坚持就没有意义，反而应该去交换一些更好的牌放在手上，保持永远的价值最大。整个谈判你都在权衡自己如何决策才是利益最大化，一时的妥协，一方面的妥协，只要能换来更有利的主动权，那就应该妥协。

D. 妥协经常只是表演。妥协并不代表丢人，只有丧权辱国的妥协才是丢人且无法挽回的。谈判的原理就是双方都爬到海拔8848的高度跟对方谈判，期望成交或许在海拔1000，但离谱地到了海拔8848，这种妥协本身就不是纯粹的让步，只是一种表演而已。

谈判现在正式进入妥协——结局的阶段。

11

谈判后期策略：谈判结局

谈判结局——我大你3：局势判断

谈判从布局、守局到结局，每个阶段开始，我们都要进行一下局势的判断，就是综合起来看谁大谁小、谁优谁劣。因为大的一方可以不急，但小的一方一定要提前做好防范的准备。

从这里我们知道了，无论何时，首先都是局势的判断，如“见人下菜”“见什么人说什么话”“随机应变”，这些词听起来有投机取巧的意思。但明显地：

销售谈判：大多是“我们小”——以请求为主——请求换东西再谈判；

合作谈判：大多是“差不多”——以商量为主——先说帮助再提要求；

采购谈判：大多是“我们大”——以要求为主——对他人有帮助，直接要求。

但无论哪种情况，我们都要处理最难的妥协部分。

谈判结局——我爱你3：引狼造势

为什么要引狼造势呢，因为谈判的总体思路是：

前期：自己行动，取势——信手拈来，依靠自己；

中期：请示领导，借势——先借领导，再借一切支持我们的力量，把自己持续强大；

这些都用完之后，只有靠造势了。

后期：虚张声势，造势——如何操作呢。

在很多行业，都流行着“逼单”或“逼定”这一行为。比如保险、房产销售、直销。这些策略里面，都带有很严重的造势行为。

想当年，张飞在当阳桥上一声大吼，硬是把敌军给吼得愣住了。那我们有哪些策略能制造出奇效呢？

案例：买房逼单

我在10月2号看了房没有买。10月3号，当我开车去阳澄湖旅游的时候，售楼部刘小姐打了个电话给我：“李先生您好，我是昨天接待你的刘小姐，我通知您一下，您看中的那套靠马路的202已经被卖掉了。”

我当时想，她就是来吓唬我的吧，我说了句“知道了”就挂了。接着，我对爱人说：“昨天那套房已经卖了啊！”爱人有些失望，让我再打电话回去问问还有没有相同面积的其他户型（我们当时没有意识到，我们已经丧失了主动权）。

刘小姐说：“李先生，对不起，一套也没有了，如果还想买的话，贵几十万的您要吗？”我当时因为无力购买更贵的就直接回绝了——本来买不买无所谓的心态，就因为人家性价比最好的房子卖光了，我们开始不开心起来，想想三年后地铁就开通了，那时候的房价该涨成啥样呢，这么好的社区，这么响亮的品牌，一下子，它所有的缺点似乎都变得可以接受，也不再考虑，但一切为时已晚。

我们一路开到阳澄湖，也没怎么说话，有些失落。

我们决定在阳澄湖好好地玩一玩，正好长假，释放一下平日里的劳累。我决定晚上先吃大闸蟹，再K歌，哪怕整晚不睡也要嗨个够。于是我先停了车，在宾馆附近开始租借卡拉OK包间。突然一通电话打了过来：

“李先生，您好，告诉您一个天大的好消息，现在有位房客的贷款办不下来，空出来一套差不多面积的房子，四家人家都在抢，您要吗？如果需要，我去帮您抢一抢。”

一时，我还真有些激动，“那你就帮我们抢一抢呗。”

刘小姐说：“可是如果抢到了，您没有交定金也不能算是您的，您必须马上过来把定金交了。”

“我不在上海啊，我在旅游！”我说。

“那您什么时候回来？”她问。

“我最快也要明天下午！”我想我总得玩一天吧，不然假期就泡汤。

“那李先生，我努力帮您抢，如果抢不到您不要怪我好吗？您来了就立即找我。”

我隆重地表达了感谢，毕竟人家在困难的时候伸出了援手。

当晚，我们吃螃蟹，唱卡拉OK，嗨到凌晨五点——一切都因为兴奋。同时也有隐忧，因为有可能抢不到。

我蒙眬睡到第二天中午，吃了饭，赶紧回到上海，冲进了售卖的物业小区。

这是一次成功的谈判逼单——也就是一次成功的造势行为。

“引狼造势”是光靠自己的力量或现有的拥护力量已经不足够的时候，借助制造外部恐慌来解决谈判困局，有些既像围魏救赵，也像声东击西。

警察在治理混乱的时候，局势过于失控时会朝天开一枪，引发全局恐慌进而掌握主动权。踢足球的过程中，不是等到一切准备好后才规矩地射门，而是通过在球门前制造混乱后，在乱中择机偷袭。有时候，谈判对手或使用一些不人道的“谈判诡计”来偷袭我们，我们需要加以提防。它们包括如下部分：

当对方大时，使用强硬手段：霸王条款、最后通牒、恶人告状、临场变卦、蛋中挑骨、升级策略、强词夺理、狐假虎威、晾他一晾、激将策略、秒杀力量、声东击西。

当对方小时，使用怀柔策略：佯装可怜、卑词厚礼、故意犯错、感动力量、满足力量、风险全包、证据力量、类比力量、道德力量、共同力量、冒险力量、梦想力量。

当处均势，使用语言技巧：泛用折中、循环论证、机械类比、平行论证、引导说服、以偏概全、编造信息、惯例规定、摘樱桃法、故布疑阵、将错就错、装疯卖傻。

需要注意的是：

不止于强势。只要能激发对方着急，迅速能做决定的策略都能使用。可以强硬，也可以示弱，更可以斗智斗勇，通过语言逻辑让别人信服。

配合红白脸。由于制造的恐慌氛围可能会吓坏对方，也有可能对方根本无所谓。因此，必须得配合上红白脸使用。“公司对别人都这样，你答应我一些条件，我来让公司对你们网开一面”“这种恐怖我们都不希望看到，你赶紧配合，我们来帮你们处理。”也就是说，这种恐慌最好是来自虚拟的，而自己却永远与对方站在一起——帮助对方。当别人使用时，我们的应对策略是先保持镇定，静观其变，不断搜集信息。如果对方强势地来，我们也使用红白脸应对：“这事确实很危险，但我和领导也没办法，我们再商量一下。”

本质就是用“角度”这张牌来制造“结局”，再将自己成功地销售一遍，让对方仍然坚信我们或者深信我们，甚至来乞求。

“引狼造势”，其实就是再次打破谈判的天平，改变平衡，变我们的不利地位为有利地位。经此一役，我相信，你会有些改变，或者对对方的印象会有些改变。因为对方再次在危急关头想到了你。

但是，这个策略如果又失败了呢？答案是运用时间。

谈判结局——你有病3：拖延蚕食

案例：房产销售

当我冲进该小区，终于看到了她为我抢来的一套靠近楼盘中央的房子，按理说我是很开心的，因为安全，不吵。但是刘小姐告诉我，这套房子要少一平方米但要贵8万元。我立即跳了起来：

“你把这8万元去了，我就下单。”

“李先生，这8万元是必须要给的，因为位置不同，这个楼盘的任何一套房子一分钱都不能让，您放心，童叟无欺。我们都没办法，好不容易给您抢来的房，您赶紧定吧，不然房子又要被抢光了。”刘小姐说。

“你那天告诉我，靠近马路好的，可是这套房子不光不靠马路，还要贵8万元，你让我怎么能接受呢？”我坚持我这刀挥得成功，就净挣8万元。

“您的心情我们完全理解，如果我是您，前天别人说靠马路好，今天又说靠中间好，要我是您也接受不了，关键还要贵8万元。”（处理我的心情）“同时我要问问您，您喜欢老人和孩子远离河边安全吧？那也希望他们远离马路安全对吗？”刘小姐问道。（拉升了格局）

“可你前天为啥告诉我靠近马路好呢？”我无法接受。

“是领导让我们先卖路边的房子，一般的客户我们都不敢说这些，要先捂住中间的先卖边上的，您可能也听说过吧。李先生，您真是运气好，您要相信我，不然您也不会来对吧。”

“我得考虑考虑，谢谢你了。”我准备给她施加压力。

她补充说道：“您考虑当然可以了，反正来都来了，我就再陪你们逛逛呗。”**一匹马儿驯不服的时候，不是抽死它，而是遛它——消耗对方的体力，让对方能量变小，让小的围绕大的转；同时加大时间投入，增加对方的反悔成本**——我们在她的陪同下又参观了近20分钟。

我确实需要考虑，我觉得我应该离开。

“时间不早了，你们也快下班了，我们考虑好了明天再来！”我表达了感谢。

“李先生，没关系的，我早通知我们财务多等了您近半小时了，再多等一会儿无所谓，反正来也来了，我们再去售楼处看看整个近8000多亩的城市规划图吧，非常雄伟漂亮，要看就一下子看完，买不买无所谓的。”我觉得很有道理，同意了，我们被带到了售楼处。

看着华润、香港路劲基建和这个楼盘形成的高端城市规划，我看好它，一定有未来。可是毕竟我还是没有比较过其他产品，我有些犹豫。

“刘小姐，我们真得走了，时间不早了。”我一是累了，二是不想被急于成交。

“李先生，没关系的，看了城市规划图有感觉吧，这绝对是您最好的选择。这样吧，您可能看了我们的样板房感觉不是特别多，我们再去看看四套已经建好的毛坯房好吗？自己来规划，可能更有感觉，反正来也来了，也不计较多花这一点点时间，您说是吗？”蚕食的策略一波又一波，我想想也是，要看就一下子看完，走吧。

我在现场足足待了两个多小时，我们都觉得刘小姐人很有耐心，服务很好。而这个楼盘也因为我们投入的时间太多而在我们心中显得“大”起来，我越来越爱这个楼盘了，我一定是这么觉得的，或许我还需要考虑考虑，但我相信我爱上了它。

“蚕食策略”就是一次性拿不下，就花更多时间，就如同我们恋爱一样。一次性谈不下整个合同，我们就一条一条地谈，谈不下去的暂放一下，最后的总攻最难，启发对方不断向合作的成功迈进。它有几个好处：

时间换空间：在不断拖时间的过程中，继续寻找“对方的病”，或许拖的时间长了，双方就暴露出来究竟是哪一方“更有病”：是我离不开你，还是你离不开我。

温水效应：太猛的动作我们已经试过了没有效，我们才来温水的，也就是动用爆发力不行，我们就用耐力；武的不行来文的。

时间大牌：谈判中，时间永远是一张大牌，我们要么拉长时间（比耐力），要么压缩时间（比爆发力），总之，谈判中，只要对方不同意，就说明我们没有给够，要么给时间，要么给空间，这是一个必由之路，也就是蚕食。

耗其精力：一匹野马是怎么被驯服的？只有耗光它的精力，马儿最后发现，只有投降，除此之外无计可施。

案例：大型卖场年度谈判

我认识一位著名外企的中国区负责人，他跟我聊起自己与中国最大的卖场之一的谈判，每年都只有一个结果：投降。

卖场的做法是，每天派一拨人跟你谈判，每天谈到夜里两三点，车轮战最后就是消耗战，卖场就一个意思，不降价就合作不了，面对战略性的卖场，这位负责人也很无奈，十多年下来，只有一个办法——降。

你经历过这样的场景吗？

可是，如果再次失败呢？

谈判结局——我有药3：妥协策略

谈判到最后，一般的情况都是，对方给出一个条件，我们到底接不接。比如：

拿订单的时候，大客户抛来一句：“你把这瓶白酒喝了，我给你1000万元的订单。”这个诱惑都到最后了，不接肯定不可能，接，一口气喝下，拿了订单，可能命就没了。

又如，客户说：“你再降20%，我们一定做，不降，立即结束，不要浪费大家的时间。”

再如，伙伴说：“你再投1亿元，我们就合作，不投也就算了。”

你一定有几个困惑：如果我不能做，我一定拒绝，可是能做我立即就答应吗？我是一步让完还是分步让？是我自己决定还是让领导来定？应该爽快答应还是不情愿的样子？

中国加入WTO，用时15年，先后换了四任谈判代表，中国的让步不是一次到位的，关键以美国为首的西方国家也不是一次就能要够的。所以，谈判中的妥协：

最后答应：也就是最初客户要求的实质性让步不能一开始就让，否则对方就认为你最初要的报价就是虚的，只有最后让步，才能让对方感到我们是割肉才达成的共识，让对方有赢的感觉。

领导决定：即使要答应，也不是我们随时随意拍板说的，而是请示完领导后，领导们做的割肉决定，我为了对方，尽力了。不然我这个人就撒了谎：高开也是我定的，割肉也是我定的，我一直不诚实——这种感觉太不好了吧。

要有条件：正如我们之前说过的一样，无条件让步，对方总是会得寸进尺，我们必须在每次妥协的时候都要交换条件。

分步妥协：妥协如果一步完成，对方就不会轻易放弃，因为这是一个巨大的让步，他们一定还会有幻想——谈判就是一个探底的过程。我们要让对方有探底的感觉，就是要分步骤进行，给对方探底留有空间。

越让越小：越让越大，让对方的感觉让步的空间是个无底洞；平均步伐让步给对方的感觉与越让越大相似，可能空间还是很大；而越让越小，就会让对方觉得极限越来越接近了，不再得寸进尺。

案例：经典的报价设计

以下内容，是一个经典的报价设计，其他内容或许你看了会不舒服，但这个妥协方案，让你眼前一亮。

主持：你们的爸妈辛苦吗?

大家：辛苦。

主持：那你想报答他们吗?

大家：当然。

主持：他们现在在哪儿?

大家：老家。

主持：为什么不接到自己身边，是不是觉得自己实力还不够?

主持：你们的梦想有多大，请各位用金额来告诉我们。

主持：请超过1亿梦想的人举手（全场有小部分人低于1亿），还有一些人是低于的1亿的，请问你的梦想是100万，如果你员工的梦想是1亿，那么是你做员工还是他做员工呢，请修改各自的梦想。（接下来都超过1亿了），请超过1亿梦想的人站起来，大胆说出你们的梦想。

大家：（七嘴八舌，总之，都是亿万梦想，全部站了起来）……

主持：请这些人上台。（音乐响起，等这些敢上台的人上台后，主持开

始逐个问问题）

你们是想要实现梦想还是一定要实现这样的梦想？

台众：一定要！

主持：那自己学习更快，还是向别人学习最快？

台众：向别人学习。

主持：那向高手还是低手学习呢？

台众：向高手学习。

主持：如果我们帮助你实现亿万梦想，向你们要500万多吗？

台众：不多。

主持：可我们不会要你们那么多，只要你们承认帮助你们实现梦想这套方略值500万，我们立即承诺只收大家更低的学费。

台众：（纷纷承认）

主持：现在我承诺只收各位200万元，你们愿意吗？

台众：（沉默）

主持：只要你们再次承诺我们的方略值500万元，我们的学费就变得更少。

接着，主持人从200万降到了100万，再从100万降到50万，再从50万降到20万，再从20万到10万……这个过程只有一个条件，就是大家承认主持人的方略值500万，他们就会降价。

主持：现在我宣布，台下的所有人员不可能享受我们以下的优惠政策，因为你们刚才没有抓住机会（让台上的人觉得占了便宜）。台上每位朋友，只要你们在60秒内签完协议，10分钟内付完定金5000元，我们承诺，您交10万的学费，我们可以让您带贵公司同事或朋友总共来11位参加我们的亿万梦想实现方略。开始倒计时……

这个案例，你或许觉得像传销，但它的降价妥协方式却极度符合人性，最后导致群体性谈判的成交率极高。它包含了，**最后让步、分步妥协、越让越小、条件交换、领导说的**等。**唯有设计才是力量。**

但我们一妥协，如果对方真的得寸进尺，我们又如何处理呢？

谈判结局——你着急3：反悔策略

谈判就得有争取，有谦让，有进取，有妥协。双方在既定的谈判框架内往前推进，于双方都好，可如果有一方反悔，谈判就没办法进行。所以，如果谈判结果不满意，要反悔也要讲究策略。

我不着急：我一让再让就代表我急于成交。但我一路过来，我先是不情愿，再要求交换，最后还要反悔——表明我全程都是不着急的。只是为了帮助你们才陪到现在。

表达底线：对方前面已经要了很多，我们也分步妥协了，可是再出尔反尔还要更多，我们如果再答应，最后只会是个欲望的无底洞。所以，反悔是阻止的唯一办法。但反悔经常会得罪强势的一方，如何避免呢？

只反悔小的：正如夫妻不能动辄提离婚一样，谈判反悔不能动不动就说不合作了。而是“我刚才答应的那些我就不给了”或一些小东西的反悔，总之不是实质性的。

结合红白脸：“你们这个要求，我是无所谓啊，只是公司完全无法同意。如果你们再要更多，我们只能将刚才让的那一步撤回，没办法答应，因为我们没有这样的妥协空间，真的很抱歉！”虚拟恶人，而自己永远和对方站在一起。

可是你又会问了：如果对方要了，我们不给，那不就是“他有病，我没药”，人家有需求，我们不响应。而且对方强势的时候，想得到是一定要得到的。怎么办呢？

谈判结局——我帮你3：成交策略

看来漫长的谈判就要接近尾声了，可最后怎么才能导致签约成功，这才是关键。面对对方的更多要求，除了反悔，我们最后可以再让一小步，那就是中国人的经典说法“买菜送葱”。怎么操作呢？

送的是小东西：它不是重大妥协，是小的妥协，或象征性妥协，一定是比刚才的让步还要微小。只是为了给对方一种“我要了，我就要得到，哪怕是个态度”的感觉。

先签合同再送：这属于“逼定”的做法：“公司有规定，已经完全没有空间可以让了，如果您还想要，我请示过了，这样吧，您先签了合同，我拿上去申请，公司采购了一批非常精美的礼品，只有大客户才会有，虽然你们采购的量不是最大的，但您先签了合同吧，我厚着老脸去帮您申请，可就是不能对外人讲啊！”

合同一定是我们写：所有合同，必须是我们阅读过后，由我们亲自来写，因为如果让对方来写，他们就会写尽他们想到的所有，无论我们接不接受。相反，我们来写，我们就可以写尽我们想到的所有……

签完合同要庆祝：无论签下的是大合同还是小合同，都应该对大家达成交易表示祝贺。这是一种仪式感，放大了我们合作的感受，小的围绕大的转，今后对方就不好意思反悔，同时更重要的是给对方一种成功的感觉，让他们从内心向我们更靠近一步。

以上所有，就是“谈判路线图”从布局到守局，再到结局的全部过程。

我们循环三次地运用了卖自己，卖业务，保成交——我大你，我爱你；你有病，我有药；你着急，我帮你。同时将角度、时间、空间，也就是道、天、地、将、法进行了更为细致地演绎，演绎的中心只有一个点：人性——要，对方要我们就得给，对方要得不够我们就得继续给，但给是要讲方法的。

这三个过程，也是一个从取势自己，到借势他人，再造势妥协的过程。它就是一个谈判的流程。但如何保证谈判流程过程完美，结局理想呢？

12

三张大牌

只要你喜欢研究，无论是研究科学，还是研究哲学，还是研究宗教，最后都会回归到能量这个最终的结论。按科学的道理来讲，自从宇宙大爆炸以后，能量就从一团变成了N团，有大有小，小的围绕大的转。

1. 角度掌控

指的是我的这一团，还是你的那一团，还是其他的更多能量体。“给”“拿”“换”就是站在不同的角度而言的。

站在对方的角度，让对方感觉永远是我们在帮助他（他们），也就是我们在“给”，我们的地位就大，就神圣，说服力就最强。为此谈判在角度上的标配就是红白脸，哪怕要当“恶人”，也要由别人，或者虚拟的一群人来当，而我们永远是帮助对方的那个角色，这样才收放自如，游刃有余，能实现全程掌控。

谈判布局中，我们讲到了红白脸首先卖掉自己。

谈判守局中我们用“请示领导”——虚拟的内部的红白脸来卖掉自己。

最后结局的时候，我们“引狼造势”——虚拟了外部的红白脸来卖掉自己。

可以说，红白脸是实现全局把控的核心钥匙。由此引发出谈判掌控的一些引申策略：

A. 转身就走：如果我们谈判进行不下去的时候，为表达对方过分、完全不考虑我们的感受、超越了我们的底线，我们转身就走，这是唱了白脸，当了“恶人”——当“恶人”只能在我们“大”、处于优势的时候适宜使用。或者我们不够大但严重地激起了对方的合作欲望，暂时“大”的时候使用。

转身就走，在谈判中经常会有奇效。因为会迅速将谈判陷入僵局。你想想，本身对方投入进来，就是想谈判的，结果你这一走，对方要想立即抽身也走，是没有足够思想准备的——也就是杀对方一个措手不及。为此，我们配备了：

前期，我不情愿——只要对方给定的条件，我就永远显得不情愿，掌握主动。

中期，条件交换——要是情愿了，怎么会交换的；交换就代表我不那么情愿，所以你必须来交换，不然我可能转身就走。

后期，反悔策略——如果你得寸进尺，我就反悔，不干就算了。

B. 强制力量：只要对方在某方面能掌控，而你又没有办法，对方就可以强制你。比如，力气比你大，武器比你好，当下必需的专业比你更强，人数比你更多，都是形成强制的力量。它代表白脸“恶人”，强制力往往都会形成后果，因为不符合人性，只要别人有机会，就容易报复，因此，一定要结合红白脸使用。

强制力，是“强要”，那么就还存在着它的反面，“强给”：报答力量。中国人的古话“滴水之恩，当涌泉相报”，合不合作无所谓，先用，先尝，先试。生意不成仁义在；无论你对我怎么样，我都先付出了——任你虐我千万遍，我待你如初恋。所有信仰的力量几乎都带有这个特色，才会让人们纷纷产生想要报答的念想。

细细品品这个流程，是不是掌控得还不错？

2. 时间掌控

能量除了你我，还有大小。能量大的必须待机时间长、寿命长，因此总是不着急，HOLD住，总是容易做足充分的准备，让对方着急。而能量小的，待机时间短，寿命短，总是容易着急，不自觉地把自己陷入恐慌当中，不淡定，也就掌握不了主动权。

要淡定自如。淡定，就是不着急，就是代表能量大，看谁耗得起。每每我们看到一个人淡定的时候，我们就会不自觉地对对方产生好感，不论对方长得美还是丑，矮小还是高大。

淡定代表我们强大，也就是“你需要我帮助的时候，我就可以来帮你”。所以：

前期，了解需求——我们没有急着要推荐什么、卖弄什么，而是先了解对方需要什么，然后看我们能帮助什么。着急的人才急于去表达什么，显示的是“我有病，你能救吗？”可见先说和后说之间，相差十万八千里——谁先开口谁先死。

中期，踢了皮球——我们不急于去让步和对方成交，而是对方希望我们怎么让步，可以提一种方案出来，我们来协助（或叫帮助）。淡定的人总是少说，以不动应盲动，以不变应万变。

后期，蚕食策略——对方不着急，我们也不着急，边走边看，我们有足够的耐心拿下全局。所以，我们用蚕食来拖延时间，比比谁的能量大，谁能笑到最后。耐心往往不是一个人的习惯好与不好，而是一个人内心强不强大的问题。其实最终比的还是能量大小，能量大自然耗得时间长。

加快减慢：时间如何被我们掌控，核心就是看谁能调动全程的快与慢。

当对方着急，我们反而故意不急，拖延时间，以逸待劳，这样我们就掌握主动；对方不急，我们就制造混乱，压缩时间，利用秒杀来迫使对方冲动地作出决定。

3. 空间掌控

能量，是用角度定义给与拿、高尚与丑陋；用时间衡量大小，定义急与不急、从容与慌张。除了时间，还有空间。能量在空间上有六大频段，或者叫六种细分能量级别（佛学叫六尘），能被我们的人体器官（佛学叫六根）感知。

空间掌控最要命的是：

信息压力：谈判最大的压力来自信息的不对称，少暴露自己，多知晓对方。

前期，先暴露别人，不暴露自己——谁先开口谁先死。多展示自己大的，少展示自己小的，哪壶不开别提哪壶；但对哪方面欠缺，就要经常拿出来议一议："领导们很关心这一点，麻烦你们做一些陈述。"

中期，即使要让步也要让对方先说出口，踢球策略、对方折中都是这个意思。

后期，故意制造混乱，引发对方的恐慌或兴奋，加大了对方的痛苦与快乐，神秘地推进了谈判的成交。

衍生力量：由信息而衍生出的筹码（或控制力量）非常多样，它们都代表着"大"：

A. 灵通。消息搜集的灵通，让黄金荣获得了"巡捕房包打听"的差事，千里眼和顺风耳讲的都是这个道理。

B. 专业。某领域知识或技能的全面，医生只要说某人患了癌症，吓坏的可不是一个人，而是全家人，可见专业的力量多么强大。所以长期积累的专业经历或知识很重要，同时短期的前期准备也必不可少，实在不行，就聘请一位更专业的人士，给对方造成最大的信息壁垒，谈判也就更加轻松。

C. 权力。某范围内职务的高低，它往往是人为的授予，代表更大组织的力量。当我们谈判中出现一位调停的人，是中国著名仲裁机构负责人，他负责仲裁各类涉及国有资产运营的各方面仲裁。你是不是仰慕他。

D. 主场。在主场，我们各方面都容易占有主动权，我们可以精心准备、布置，迷乱对方。既可以增加好感，也可以带来恐惧，比如“故布疑阵”——告诉对方，马上在边上的会议室进行另一个伙伴的谈判，我们会在几个伙伴里选择一家。

E. 地位。某领域的排位靠前，它往往不是他人授予，而是自然形成的，这是与权力的区别，代表更大的人群。如上了热搜、网红、行业老大、比赛冠军、国家或行业授予的地位（也可以看成一种PK的结果）。一位90后的人，拿出一张名片，上面标着10家企业董事长，身边还跟了几位四五十岁的人，你会一下子就改变对他的印象和接待标准。

F. 实力。就是总体规模的大小。如果对方展示的信息是公司有十万员工，存款500亿元，你会在谈判中小看对方吗?

G. 人数。人多势众，中国阅兵靠的不是人多。如果你只有一人，哪怕是打了主场，对方如果来了一百人，你的主场优势也立即显得苍白无力。

H. 层次。层次就是级别的高低。会议上，一个方阵只有3个人，但他们全是世界冠军，形成的影响力也不一样。

I. 魅力。人格魅力是一个人各方面优秀形成的综合品质，容易让别人喜欢和仰慕，就如周总理这样的人一出现，可以以一当十，“杀伤力”极强。

13

性格力量

总是有人问我，强势的人如何应对，好好先生如何应对……被问多了，自然就促使我去研究人。研究到后来，收获实在太大。人先天的东西太强大，形成了“性”，先天和后天的能量不断叠加，形成了我们身体能量大小与心理成熟程度的“格”。可是如何动用性格的力量把谈判搞定呢?

案例：性格的力量

有一位强势的老总是甲方，极难应对。在谈判过程中，经常黑着脸，惯用命令的口气与人对话，也经常让谈判不欢而散。

谈判的乙方找到了我，问我该如何处理。我让他们搜集了此人的资料，还有他们拍到的谈判现场的照片。综合识人后，我给出了我的方案：我们得从我们队伍中找一位能“降住”他性格的人出马进行谈判。

后来我们总算找到了，此人善于察言观色，情商高，可以与这位强势的人进行周旋，不光不怕这样的人，还经常主动进攻。

第一次见面，他就说，不要着急，会有办法的。

第二次见面，他迅速与强势的对方建立了信任，因为棋逢对手，对方有点钦佩他。

第三次谈判，他们就达成了协议，双方在一个更大的格局上达成了共识，获得的订单比过去多了30%。现在他这组谈判组合还在愉快地进行着，这或许就是性格的力量吧——性格匹配非常重要。

如果你面临过搞不定人的情况，你来我的课堂现场，你会看到下课后我总是被一群人围着，快速识别任何一个人包括他的家人。神秘的课程总是引起极大的围观，总有人问我有没有出书，有没有光盘。确实都还没有，有兴趣的朋友先来听听我们的现场课。

我将谈判分成了“谈事”和“谈人”两个版本，还给它们取了不同的课程名字，开成了不同的总裁班。

谈事：“谈判路线图”——以讲授为主的培训课；《谈判博弈》——以案例演练为主的总裁研修班。谈事，是适合于任何性格人使用的人性谈判逻辑。就像做了一把通用人性工具，谁都可以使用。在国内大型企业内训，各类总裁班选择比较多。

谈人：《超速认人》——总裁研修班，是专门从性格的角度，讲求如何快速识别一个人，如何应对一个人，如何搭配伙伴，如何协调关系的人性大课。目前在全国已经开课20期。受到了中小型企业董事长的极大青睐。

性格，就是“性”+“格”，是先天和后天、自身和外部环境综合形成的产物。谈判好，是因为人能灵活掌握各种控制因素，也类似企业做事有流程，还需要管理者通过制度和文化进行灵活地应用来驾驭。因此，选择一个人去谈判比培养一个人要重要，这是为什么我们要研究人的重要原因。因为：

能量有大小。有些人能量大，体能好，有些人能量不大，体能弱，这样会造成气场的不同，小的围绕大的转。

成熟度不同。不是身体好的人，就一定谈判得好，还与内心的成熟度，也就是内心大小有关。一个小伙子体能好，但性格急，在谈判中就容易成为弱者。也有一些人年龄虽然四五十岁了，但心智仍不成熟，也不太适合于大型谈判。

一物降一物。芸芸众生中，为什么你和一个人关系好得不行，和另一个不经常见面也不来往，就是性格匹配的问题。你宠的人，你丧权辱国地喜欢巴结对方，对方也视而不见；但宠你的人，你完全不理对方，对方也会来帮助你；与你类似的人，沟通起来太简单太快速，但待得久了，合作多了，就一定要争个谁说了算，谁是老大；与你完全不同的人（我们称为相爱相杀），远观真是相互欣赏，因为我有的他没有，他有的我也没有；可是天天在一起就完全理解不了对方，时尚的说法就是Get不了对方的点，因为完全不在一个频道上。

那如何判断一个人的性格呢？

谈判中，我在闲聊的时候，就会问问别人两个重要数据：血型和出生日期，再通过外观和接触的感觉，谈判就会一下子简单起来。

由于这是一本谈事的书，如果你有兴趣，欢迎你关注李力刚公众号，寻找我们识人的线索，然后加入我们的队伍吧。

有一门神奇的课程叫《超速识人》。

从今天开始，你进入了我们的谈判学校。如同大学英语摸底考试一样，我们也要进行一次摸底考试。

你手上拿着这本书我很感兴趣，请你立即忽视这本书的标价，然后进行谈判。谈判的目标是：你尽量把它卖掉，而且卖得越高越好。

我：这本书能送给我吗？

你：不能，因为是别人送给我的。

我：你能把这本书卖给我吗？

你：……

我：如果能？多少钱？如果不能，就算了，谢谢！

你：……

我：请报个价吧！

你：（想清楚你该怎么办，报价吗？如果报，报多少？）

我：太高了，一本书哪会这么贵！而且你已经用过了，是旧书。如果卖不掉，今后只能当废品三四毛一斤卖掉。做个人情送给我，交个朋友多条路，反正一本书。

你：（怎么办呢？犹豫送不送？或者是做点别的？）

我：既然你不太诚心，那你再考虑一下，我去书店看看吧。

你：（又该怎么办呢？）

……

想一想，你成功高卖的把握有多大？给自己打个分数。

如果这场谈判你能卖到这本书成倍的价格，你就有能力把所有的商品卖得更好，收入更多，生活更好。反之，如果你在看完这段对话后没有太大的把握，你在商务活动中可能还会遇到不少的困扰。

我们经常需要处理家庭的协调、同事的沟通、客户的交往、对手的竞争；我们时常想运筹帷幄，更想决胜千里，但面临武装到牙齿的谈判对手，在“要文斗不要武斗”的人生棋局中，如何掌握更多主动，是需要我们一生探索的话题。

现在请你开始反思，谈判重要吗？你会谈判吗？

不要紧，就让我们从此开始吧！

第二篇

销售谈判

谈判就是为了协调彼此的关系，满足各自的需要，通过协商，争取达到结果一致的行为和过程。销售的最终目的是为自己，也为他人，创造最美好的价值。销售谈判就是在销售过程中双方就销售活动本身、销售条件以及与销售有关的方式进行沟通、磋商和讨价还价的过程。

1

谈判就是沟通

如果我们以沟通的观念去谈判，那么谈判就不再那么严肃。谈判开始时，沟通可以增强彼此的亲和力；谈判进行中，沟通可以活跃气氛；谈判出现僵局，沟通可以缓和气氛；谈判出现争执，沟通可以消除争执。沟通是谈判的重要原则，也是重要方法。

在企业里，沟通会使员工增强凝聚力、向心力，促进企业的和谐。如果在一家企业，用强权命令代替沟通，那么这家企业就麻烦了，就会“疾病缠身”、步履艰难。

在企业里需要沟通，在谈判中更需要沟通，要掌握有事好商量、有事好沟通的原则。在谈判中，对方如果提出较过分的要求，你不要着急，本着沟通创造价值的原则和对方沟通，分析利弊，提出更好的建议。如果你坚持诚信双赢、真诚沟通的原则，自然可以让对方收回过分要求。谈判出现僵局了，你也可以借由沟通来暖场；谈判双方出现争执了，你也可以借由沟通来消除争执。沟通是双赢谈判的重要原则。

在谈判中，沟通有三个步骤：

1. 建立亲和，卖掉自己

两人一见面先露出灿烂的笑容，伸出手去握手，然后向对方说一些很客气的话，很快就建立起了沟通的管道。如果这时有一方脸色难看，一副心不甘情不愿的样子，对方立刻就会建立起心理防备，而且会在外表上展现出防卫的动作。

在人与人的交流中，你送出去什么，就会得到什么。我们向别人说一声你好，别人也会回一声你好。你称呼他名字，再加一个“兄”字，他也一样向你称兄道弟，这样一来感情就拉近了，建立起了亲和共识。见面时彼此有很亲切的感觉，好的开始就是成功的一半。一个人要怎么样让别人在瞬间就喜欢你？很简单，就是经常保持微笑。有句话说：微笑是世界共通的语言。就算碰到外国人，语言无法沟通，但只要有了微笑，一样可以建立起交情。

2. 了解需求，找准要害

有些人在谈话中经常在说“我想要什么”，而忽略了对方想要的是什么。

别人到底想要什么，从他的言谈中很容易捕捉，知道了对方要什么以后，心中就有了数，接下来的沟通就有了一个依据。不会漫无目的地各说各话，也就是彼此之间有了真正意义上的交流。

3. 满足需求，给对方想要的

但要不违背自己的立场。什么叫不违背自己的立场呢？例如你在银行工作，来了一个好朋友，立刻把银行里的钱都给他，这样行不行？不行。因为这违背了自己的立场；你是政府部门的人，你把价值一亿的土地送给你的好朋友，这样行不行？当然不行，这违背了自己的立场。要在不违背自己立场的原则下，尽量给对方想要的东西。

就某一项目，项目经理乙与公司总经理甲有这样一段对话：

甲：我对这个项目付出了很大的努力，但现在项目进展状况令人担忧。

乙：你是在暗示我们没用吗？你是在说责任全在我们吗？

甲：我只是在陈述一个事实。在这件事上，花了一些时间，更多的是花了一些钱。你们似乎觉得钱是树上长出来的，是树上摇下来的。

乙：至少我们是一心一意想把项目做好。

如果甲或乙考虑到，他们的冲突可能并不意味着双方立场或目标上的巨大差异，而只是一个暗示需要改变的信号，他们就可能得到更好的结果。甲本可以回答："你们的确付出了很大心血，我们也很感激你们的努力。""我们也一样，很明显，我们想把这个项目做好。"这样一来，焦点就集中在了一致的兴趣上而不是分歧上。

这场对话出现了几个选择点。甲说："我只是在陈述一个事实。"乙可以回答："我没意识到你是那样看的，我们当然没有打算造成任何阻碍。不如我们仔细研究一下我们的预算，看看它是否合理。"

甲说的原本没错，他是在陈述一个事实，但是语言过于严肃生硬，缺少了沟通的诚意和味道。

乙说的原本也没有错，他是顺承着甲说话的措辞和语气来回应的，显然缺少了沟通的诚意和味道。两个人的说话缺少了沟通的诚意和味道，结果交流的气氛立即变得紧张起来，甚至可能会不欢而散，影响项目的结果。

后面说到的另一种方式，显然双方都有了沟通的诚意和味道，先有沟通，再有陈述事实，其结果就往好的方面发展。

2

谈判要的是双赢

双赢往往是被逼出来的，因为都想自己赢，可是对方不赢，谈判不能成功，因此，双赢就显得极为必要了。

“赢”是一个什么感觉，相信每个人都有深刻的体会。一场球赛，赢了会高兴不已；一场辩论，赢了会兴奋不已。“赢”带给人的感觉会有很多种，最主要的是：一是因为在比赛或较量中，能够胜出，成为优胜者，享受了这个过程，战胜了别人，是一种得冠的喜悦；二是因为在比赛或较量中，能够达成自己的目标或是实现自己的理想和价值，战胜了自己，成为成功者，是一种成功的喜悦。

1. 赢是感觉

“人类最终最深切的渴望之一是成为一个重要人物的感觉。”每个人都渴望有成为重要人物的感觉，“赢”就体现了这个成为重要人物的感觉，“赢”就体现了成就感。在谈判中，大家都想赢，都想有一个“赢”的感觉。如果一方有“赢”的感觉，另一方没有“赢”的感觉，那么这个谈判就不见得那么和谐、完美、兴奋、快乐。

在赢的感觉里还有一种情况，即并不一定每场谈判或比赛中胜出的一方都会有成就感、赢的感觉。在拍卖场里经常有一种现象发生：大家竞相喊价，一个比一个高，喊到最后，出最高价的人算是得标，所谓价高者得。可是得标的人可能从得标的那一刻起，就开始后悔了，因为他会想，刚刚有那么多人竞标喊价，为什么偏偏是我得标？显然我喊的价超过了别人对这件东西的评价，我是不是被人看成了傻瓜？是不是做了冤大头？这种现象在西方被称为“胜利者的诅咒”。在竞拍中虽然赢了，却找不到赢的感觉。

我们在市场里买东西，对方开价300元，我们还价150元，砍掉一半，心里觉得是不是砍价砍得太狠了？可是如果对方马上答应说：“好啦，就卖给你了。”这时马上就忘了刚刚还在想还价是不是太狠的事，“胜利者的诅咒”感觉立刻浮上心头，觉得刚刚应该再减50元。

反过来看，如果卖方不同意，说：“你也太会还价了，本都不够，你真的想要，再加点。”而我们却又很想买，谈来谈去，卖方降一点，我们加一点，最后以200元成交。除了多花了50元之外，我们还会很高兴，心想，在谈判上我步步逼近，寸土不让，到底没占到我的便宜。这时已经完全没有那种“胜利者的诅咒”的感觉。

一些有经验的顾客，一番讨价还价，一进一退之后，自己出的价格对方仍然不卖，顾客便假装要走，慢慢往前走，越走越远，边走边想，怎么还不叫我回来呀！哪知卖方根本没有叫回他的意思。这时，心想对方果真不卖，看来杀价杀到底了，如果实在想买，则会转悠一会儿之后再迂回原地，稍加一点便买下了。买下了之后，心里一定快慰不已，因为心想自己买的价格一点儿也不高。

同样一件商品，有时候花比较少的钱买到之后，心里还不平衡，而多花了钱买了之后，还很高兴。这是一种奇怪的现象，是一种“赢的感觉”。

从上面的论述中可以看出，“赢的感觉”是要靠双方一起营造的。一方努力，另一方不努力，也没办法营造赢的感觉。一方要赢的感觉，另一方偏偏不给，结果双方都没有赢的感觉，双方都不快乐。所以在双方的心里首先要有个观念，让自己有赢的感觉之前先让对方有赢的感觉。没有你来我往地讨价还价，双方都不会有赢的感觉，讨价还价得越激烈，事后赢的感觉就越强。成功来得太容易，反而没有那么激动，只有经过激烈斗争赢来的成功才会令人狂喜不已。

2. 双赢要创造新的价值

谈判是在一种彼此尊重、轻松自然的氛围中进行的，强调的是双赢的结果。在这个过程中，彼此互敬互助，进行建设性的沟通，以积极的态度寻找有效的解决方法，在一个和谐共赢的氛围里进行真诚的沟通、智慧的碰撞。在这种碰撞下，可能会产生新的解决方法，创造新的价值，而这个新的解决方法和新的价值是对双方有利的。真诚沟通在销售中特别是大宗销售中非常重要。

今天你有一个苹果，我有一个苹果，彼此交换，每人仍然只有一个苹果；假如你有一个思想，我有一个思想，彼此交换一下，每人就有了两个思想，只要这两个思想都是正面积极的，这两个思想就会发生“化学反应”，就会创造更多的好的思想。那么这些思想便非常有价值。

有一位教徒问神父：“我可以在祈祷时抽烟吗？”他的请求遭到神父的严厉斥责。另一位教徒又去问神父：“我可以在吸烟时祈祷吗？”后一个教徒的请求却得到允许，悠闲地抽起了烟。这两个教徒发问的目的和内容完全相同，只是谈判语言表达方式不同，但得到的结果却相反。由此看来，表达技巧高明才能赢得期望的谈判效果。

当今市场的一个重要发展趋势是产品数量众多且同质化倾向严重，这势必导致产品市场的供过于求、供大于求，形成买方市场，买方有更多的选择权。作为卖方，产品生产出来总不能自行消化，要想生存，只有让产品不断走向市场，换取更多的现金，而现金又在买方手中紧紧攥着，在买方手中口袋里紧紧捂着。这个世界上有两件事情最难办，一个是把自己的想法放进别人的脑袋里，另一个是把别人口袋里的钱放进自己的口袋。这两件事难办但不是不可办，只要方法正确，能给予别人想要的东西或是价值，以一种真诚友善的态度和对方沟通还是可以办到的。买方势必拥有更多的优势，他有更多的选择权，你不卖没关系，别人卖，在这个供大于求的时代还怕有钱买不到东西？所以他有更高的姿态。卖方的困难远大于买方，买方面临众多选择的情况下，如果卖方不在谈判中实行“双赢”策略，就无法在激烈的市场竞争中取得竞争优势。

在品牌化的市场发展时代，品牌忠诚度决定着产品的长期发展。而品牌忠诚度的获得，一方面来源于产品的品质，另一方面来自企业的服务。而所谓的服务，是指企业要尽最大努力满足顾客的各种合理需求，创造出新的价值。

著名谈判专家伊沃·昂特曾经讲了一个很有典型意义的例子：

一位买方收到一份卖方报价：14750美元，提供10台计算机及相应的软件，报价包括送货及安装软件。

买方自然会货比三家，买方研究了几份不同的报价后，要求卖方把价格降低到12500美元。12500美元是买方最高承受价，高于这个价根本不考虑购买，而卖方的底价是12875美元，低于这个价就会亏损。有亏损自然不会卖，眼看375美元的差价就要棒打鸳鸯了，怎么办？卖方这时想：我们能否创造什么新的价值来调节买主因为价格带来的心理不平衡，我们在价格上或许不能再让步，然而，能提供什么附加服务或附加价值呢？买方这时也在想，我能否在某些方面获得其他实质性补偿呢？双方一合计，新的解决方案出来了，价格按卖方的低价走，但可以为买方提供免费培训，卖方所提供的这种培训正是买方所需要的。每周举办一期培训班，收费是187美元。卖方可以免费为买方提供几个培训名额。

于是卖方向买方提出了每周送1～2人免费参加培训的建议，总共5个名额。另外，还可以以较低价位向买方提供大的控制器或其他硬件设备。这个建议令买方很满意，虽然产品本身价格高出心理预期，但可以获得更多的培训机会，节省更多的培训费用；卖方也非常高兴，因为他为买方提供培训名额，费用几乎不增加。

在这则案例中，如果卖方坚持14750美元销售，买方坚持以12500美元购买，双方“寸土必争，寸步不让”，势难成交，更不用说双赢了。但是因为卖方创造了新的价值，这个价值又是买主所需要，至少是不排斥的。双方之间立即天堑变通途，搭建了一个交易的桥梁。因此说，双赢沟通是一个双方立足长远、共同获利的合作过程，其中心点是双方要尽全力、创造性地寻找能够满足双方需要的解决方案。这种谈判的努力与结果，同双方谁都想得到一切、谁都不让对方获利相比，显然能创造更大的整体价值和利润。

只有双赢，没有独赢，没有独输。独赢、独输都是不完美的。

3. 谈判要从双方的最大利益出发

人的需要是可以改变的，它受许多因素的影响，满足需要的方式也是多种多样的。销售是由销售员和顾客共同完成的，需要的满足与否实际上根本没有一个绝对客观的标准，甚至可以说，需要的满足与否经常受人的主观意识决定和影响。值得一提的是，需要的满足不一定就是达到了销售人员的既定目标，而是顾客认为自己的需要得到了满足。正因为人的需要受主观意识等因素的影响，而且在沟通过程中，顾客认为自己的需要是否得到满足直接影响着销售活动的进行，所以经验丰富的销售人员总是善于利用人们不同层次的需要和各种影响人们需要的因素掌控沟通全局。

在销售过程中能够各取所需，彼此得到双赢的案例比比皆是。

在谈判学上有一个著名的案例，发生在20世纪40年代的美国。

当时，美国有位女明星与制片商签了一个电影商业合同，合同金额是100万美元。电影投放市场之后，在美国票房大获全胜。按合约规定，制片商须支付女明星100万美元的片酬，可制片商却没有办法马上支付。女明星几经交涉和追讨，终无所获。最后决定诉讼法律，让法律为自己讨回公道。不想这个制片商偏偏又是一个在法律上难缠的人。看来女明星在这条道路上也会步履维艰。

在这种情况下，有一个谈判高手从中斡旋，把双方都说服了。他首先找到这位女明星，跟她说："第一，现在这个制片商，在财务上出现了问题，他没有办法一次性付给你100万美元。你跟他打官司，你能赢，但你仍然很难拿到这笔钱；第二，你赢了，并且你能拿到现金，但这又有什么好处呢？美国的个人所得税是累进制，非常高，100万美元，你大概连一半也拿不到（美国20世纪40年代的税率）；第三，作为演员来讲，你吃的是青春饭，随着时间的推移，你很难保证年年都可以拿到100万美元的片酬。这种情况下，我提个建议，让制片商每年支付你5万美元，20年付清，这样你就有了一个稳定的收入，制片商则逃脱了一次性无能为力付给你的这种尴尬，同时，你也合理地避税了。"女明星想想也对，而且现在的状况确实比较难办，女明星说："也只好这样了，按你的意思去办吧。"

在这个案例中，女明星和制片商都赢了，是双赢，之所以双赢，是因为把利益多重化了，让每一个人都得到了各自的利益，这个矛盾也就很好地解决了。这个例子说明，要实现双赢，关键要看双方能不能够在一个大的利益下合理地找出每一个人利益上的差异，有差异便没有冲突。

如果你试图把所有的利益收归已有，把对方的利益剥削得一干二净，这样想这样做不仅徒劳无益，而且害人害己。要知道，你可以这样想，对方也可以这样想。如果你执意要这样做，对方会想，我们不谈了行了吧！人家不跟你谈了，你想全部得到，结果什么也得不到。

好的谈判者并不是一味固守立场，追求寸步不让，而是要与对方充分交流，从双方的最大利益出发，制订各种解决方案，用相对较小的让步来换得最大的利益，而对方也是遵循相同的原则来取得交换条件。在满足双方最大利益的基础上，如果还存在达成协议的障碍，那么就不妨站在对方的立场上，替对方着想，帮助扫清达成协议的一切障碍。这样，最终的协议是不难达成的。

4. 控制谈判局势

谈判活动表面看来没有主持人，实则有一个隐形的主持人存在着，不是你就是你的对手。因此，要主动争取把握谈判节奏、方向，甚至是趋势。主持人应该具备的特质是：语言虽不多，但是招招中的，直击要害，气势虽不凌人，但运筹帷幄，从容不迫，不是用语言把对手逼到悬崖边，而是用语言把对手引领到崖边。想做谈判桌上的主持人就要体现出你的公平，即客观地面对问题，尤其是在谈判开始时尤为重要，慢慢对手会本能地被你潜移默化地引导，局势将向对你有利的一边倾斜。

春秋时期，宋国有一个饲养猴子的高手，他养了一大群猴子，他能理解猴子所表达的思想，猴子也懂得他的心意。这个人家境越来越贫困，已经买不起那么多的食物给猴子吃，于是，打算减少猴子每餐橡子的数量，但又怕猴子不顺从自己，就先欺骗猴子说："早上给你们三个橡子，晚上再给你们四个橡子，够吃了吗？"猴子一听，大声地叫嚷，以示反对。过了一会儿，他又说："唉，没办法，早上给你们四个橡子，晚上三个橡子，这该够吃了吧？"猴子们一听，个个手舞足蹈，非常高兴。

这个小故事大家应该非常熟悉，就是成语"朝三暮四"的典故。这个故事看似荒唐可笑，其实，在谈判中却真实地存在着"朝三暮四"的现象。通常体现在双方在某个重要问题上僵持的时候，一方退后一步，抛出其他小利，作为补偿，把僵局打破，并用小利换来大利，或把整个方案调换一下顺序，蒙蔽了对方的思维。乍听起来觉得不可思议，但在实际谈判中经常会出现这样的情况。所以，首先要能跳出像脑筋急转弯一样的思维陷阱，然后要善于施小利，博大利，学会以退为进。在谈判中一个最大的学问就是学会适时地让步，只有这样才可能使谈判顺利进行，毕竟谈判的结果是以双赢为最终目的。

3

谈判要控制情绪

在销售活动中，人的情绪高低可以决定沟通的现场气氛，沟通气氛影响沟通的结果，也就是说，销售活动中能否成交与销售人员以及顾客的情绪有很大关系。营造沟通气氛非常重要，销售人员不仅要善于控制自己的情绪，还要善于处理与协调顾客的情绪，要处理好顾客的低落情绪，甚至是愤怒情绪，为今后双方的进一步合作，打好坚实的基础。

个人的情绪是有一定传染性的。有时处理不当，矛盾激化，会使沟通陷入不能自拔的境地。双方为了顾及“脸面”而彼此不肯作出任何让步，结果双方之间很难再合作下去。因此，对待和把握沟通的感情表露也是解决问题的一个重要方面。遇到困难和障碍，不要惊慌、紧张，要始终保持平静如水的心态。这样，你心中就会充满信心，就会不断产生更好、更新颖的想法，带来更多的财富。相反，做事不成功的人，很容易发怒，即使不把怒气表现出来，也会自乱方寸，同时，潜意识也容易接受消极的想法，于是各种不好的事情，就会真的发生在他身上。

电视剧《乔家大院》相信很多人都看过。剧中，乔致墉的哥哥乔致广想做复字号商行，他的竞争对手达盛昌却借机搞鬼，利用各种不正当手段，致使复字号资金链断裂，陷入破产边缘。债主和股东终日逼债，要求退还银子，乔致广急火攻心，终于一病不起，不幸抱病身亡。

乔致墉经过千辛万苦，在茂才的帮助下，凭借非凡的胆量和智慧，让复字号起死回生，也让仇家达盛昌陷入绝境。这时乔致墉完全可以乘胜追击，彻底击垮达盛昌，为哥哥报倾覆之仇，他想这样做，而且完全能这样做，但他没有，他克制了自己的情绪，他知道做生意，讲究的就是和气生财。

后来，乔致墉不仅没有以怨报怨，还亲自到达盛昌赔礼道歉，建议双方尽弃前嫌，结成盟友。乔致墉这样的胸怀和雅量是难能可贵的，也正因为如此，他才成了一代晋商典范。

我们常说的一句话是，虽然我们不能控制发生什么事情，但我们可以控制自己的情绪。在人们身边很多的吵闹、争斗都是因为当事人没有控制好情绪的结果。

“人定生慧”，控制好自己的情绪，使自己的心灵思想处于安静的状态，我们便会有更多的创新和创造。

当我们遇到不开心的事情时，我们要想到3个字，就是“提问题”。如果你问自己好的问题，就会得到好的答案；如果你问自己不好的问题，就会得到不好的答案。问问题可以瞬间改变自己的情绪。

在这个世界上，有很多事情我们没有办法改变，但我们可以改变自己看待这些事情的角度和观念，可以改变这些事情带给自己的情绪反应。我们可以做自己情绪的主人。

4

着急是弱者

谈生意一定要有耐心，不能着急，不能心有挂碍。心急吃不了热豆腐，没有耐心谈判就不会成功。在谈判时不能有强烈的功利性，不能一双眼睛只盯着利益看。保持一颗平常心面对谈判桌上的风云际会，面对利益的得失，才能按照合理有效的步骤和方法，经过开场策略、中场策略与收场策略，循序渐进地推进，最后成交一笔生意，在皆大欢喜的情况下结束谈判。事实上，最快的速度不是无序的猛跑，而是循序渐进、按部就班的推进。

下面这个例子明显地显示出有无耐心的区别。

一个人想处理掉一批旧机械设备，他心中的底价是50万美元。谈判时，一个买主对这批旧机械设备百般挑剔，滔滔不绝地指出了很多缺点。主人任凭买主鸡蛋里挑骨头，他只是默默无语。也许他知道“嫌货才是买货人”的道理。他一直在倾听着买主口若悬河的“批判”，那位买主口干舌燥，话语慢慢少了，最后，买主说：“我看你这批机器最多能给你80万美元，再多的话，我们可真不要了。”卖主因为拥有了持久的耐心而整整多赚了30万美元。或许，他知道长时间的沉默会给人造成极大的心理压力。因为人性是排斥黑暗和沉默的，沉默使人感到没有依靠，可以让人为之疯狂，让人沉不住气。

着急是谈判的大忌，耐心是谈判的大幸。着急，乱了自己的方寸，毁了自己的长城，把自己的心灵花园豁然洞开。因着急、没有耐心而在谈判中吃亏的例子实在太多了。

为什么越有耐心的人在谈判中会显得越主动、越能掌握谈判局势呢？大家都知道整个谈判过程，情况是瞬息万变的。如果你心浮气躁，心烦意乱，你便很难掌握谈判的主动权；你越着急越早出手，你的主动权就交给了别人。如果你面对瞬息万变的谈判局势始终保持着沉稳的个性，坦然面对，你便能稳操胜券。

由此可见，用最大的耐心坚持原则，一定会有所收获。但是如果能再考虑一下别人要的是什么，在不违背自己立场的情况下，尽量给对方想要的，双方一起慢慢寻找“新中间路线”，结果会更好，双方的生意会做得更大。

5

谈判要胆大心细

小的围绕大的转。什么都能输，就是不能输掉气场。

俗话说："饿死胆小的，撑死胆大的。"这句话在谈判领域也同样适用。谨小慎微并没有错，但过于谨慎对于谈判并无好处。如果以一种战战兢兢、如履薄冰的姿态去面对谈判，谈判的结果必定不容乐观。有时不妨大胆一些，野心大一点，胃口大一点，你所得到的可能真的会多一些。

凡事小心，处事大胆，意思是说该小心谨慎时，便小心谨慎；该大胆时，不妨大胆一点。小心驶得万年船，大胆可以攻城略地，无往不胜。谨慎为的是稳定，大胆为的是发展，有稳定、有发展自然是最好不过的。

提出比你想要得到的更多的要求，有什么好处呢？我们可以从以下几个方面来看：

提出比你想要得到的更多的要求，这样的想法增加了你提出的要求的价值。在工作中，要求比你想要得到的更多的工资，那么就在人事经理的思想中建立了你应得到那么多工资的观念，在下次涨工资的时候，可能会优先考虑到你。如果你销售一辆汽车，提出了比你想要得到的更多的价钱，这就使买主更加相信这辆车的价值，他在想真敢叫价，莫非它真的就值这么高的价格？无形当中增强了买主对这辆车的渴望和期望值。

提出比你想要得到的更多的要求，可以避免使谈判陷入僵局。以传统的观念来看，谈判就是一种零和游戏。在这种情况下，双方一坐上谈判桌，就好像走进了竞技场，心里就已经做好了想要分个高下的准备。在这样的心理状态下，双方的心理压力，会随着谈判过程中攻防的战况而出现起伏。定力与耐力不够的一方，或是准备不够充分的一方，会出现焦躁不安的举动，这就已经是在向对方透露出自己方寸已经紊乱的信息，让对手有了很好的可乘之机。

另外，为了躲避越来越大的压力，会希望谈判尽早结束，有些明明可以得到的要求，却被自己过早放弃了。

既然提出比自己预期更多的要求有如此之多的好处，你尝到了甜头，相信对方也会闻到芳香，他也想运用此法，他对你提出比自己预期更多的要求，你该怎么办呢?

当然，谈判能在和谐平静的气氛下进行，共同寻求额外的发展，让彼此都能获得更大的利润，是最理想的结果。

6

切忌锋芒毕露

如果你锋芒毕露，其他人往往会竭力遮挡你的锋芒，阻止你实现目标，如果你尽享好处和荣耀，其他人往往会不让你好处独享、荣耀独当。如果你能与大家分享光彩，鼓励其他人以主人翁意识参与问题的解决，显示你的才干，但不傲慢自大，并时不时允许他人作为谈判领导，那么谈判成功的机会就会大大提高。

谈判专家经常会向对方表示，自己并不打算独享成果或独断专行。当你真诚地这样说时，你不仅能让对方喜欢与你合作，而且能起到抛砖引玉的作用，赢得对方的好感。所以，在谈判、说服、沟通过程中，不要显得太聪明，如果你显得太聪明，容易引起别人对你的抵触和戒备心理。人们有时会畏惧强者，但更多的是同情弱者。人们有时会羡慕聪明的人，但更多的是欣赏愚笨者。大智若愚是大智，大愚若智是大愚。在谈判、说服、沟通过程中，宁可显得愚笨一点，也不要显得太聪明；宁可显得糊涂，也不要显得太精明。傻人有傻福是有道理的。

在谈判的时候，最好不要显得自己什么都懂，事事都很精明，都很能干，否则对方会觉得你什么都行，那还要我干什么，我怎么和你谈？要怎么做生意？所以，有时想笑的时候也要装作很痛苦，不要咄咄逼人。

对于有能力的沟通专家来说，聪明是傻，傻是聪明。在谈判、说服、沟通时，你假装知道的比别人知道的少，你会有很好的处境。你装得越傻，处境就会越好，除非你的智商低到缺乏可以让人相信的地步。

人类都趋向于帮助那些看起来不聪明或没有知识的人，帮助那些看起来比较弱势的人，因为给那些条件比自己差、能力比自己逊色的人提供帮助，体现了一个人的社会价值，能带来一定的成就感。

装傻的原因就是分散对方的竞争精神。你怎么忍心去和那些需要帮助的人们斗争呢？你怎么忍心去争夺对方饭碗里仅有的几粒米粒呢？你怎么能忍心用竞争去取笑这样的人呢？即使你赢了，你也不会感受到快乐，因为你胜之不武，赢得不光彩。面对这种情况，大多数人会怜悯对方，会为对方感到难过，他们会主动让开道路去帮助他。

除了傻气之外，还要有点江湖义气，有点大侠胸怀。不恃才傲物，不功高震主，不独享成功的果实。有一次我看到一位领导对一位下属说：“你现在很红哦，这件事是你负责，那件事也是你负责，几乎什么事都是你在负责，很有权力嘛！”

这位下属马上说：“我哪有什么权力，我所有的权力不都是您给我的。”

有智慧的沟通好手，都是大智若愚型的人，在谈判、说服、沟通的过程中，都会表现得好像所知道的事比任何人都少，不会露出一点精明干练的样子，这样对谈判成功的把握才会更有利。

其实做人又何尝不是这样，有些人处处都想表现得高人一筹，处处都想占别人一点便宜。事实上，到最后，他才是失去最多的人。

要知道，世界上没有一件生意是你非做不可的，也没有一个员工是你非要不可的，更没有一件东西是你非买不可的。

事实上，谈判重要的不是双方的差异有多大，重要的是双方是否有诚意去沟通，差异是很自然的事情，没有差异也就不需要沟通了。那么，什么样的谈判方式是最快速、最有效的呢？我想，按部就班、有条有理的谈判方式是最有效的。

谈判是一种谋略的运用，高明的谈判者，会大处着眼、小处着手，既高瞻远瞩，又实事求是，按照一定的程序谈判。程序就是先谈什么，再谈什么，对于一个议题，有利于我方的是什么，不利于我方的又是什么，有利于对方的是什么，不利于对方的又是什么。

如果是对方的议题，分析哪些是我方可以让步的，哪些是对方可以让步的。本着先易后难的程序，先把对方可以让步的、我方又想得到的确定下来；我方能让步的、对方愿意得到的，也提前把它确定下来。如果把这些容易达成共识的事项确定下来，那么双方就初步达成了一致意见，这样彼此就更信任、关系更融洽了。有了好的“感情基础”，后面的事就好谈了。

谈判本身不是你死我活的过程，双方本着开放的心态，就一定可以谈拢。如果实在谈不拢了，还有一种方法可以让谈判谈拢，那就是谈判升格，请领导出面谈，领导一出面，谈判就容易了。

在设定谈判程序时，要注意以下几点：

(1) 明确对方要什么，你要什么。

(2) 你能让什么步，对方能让什么步，能让多大的步。

(3) 本着先易后难的原则。

(4) 掌握多听少说的原则。

(5) 一个议题一个议题地谈。

按照这个安排一步步进行，引导着对方的思路。这样就完全掌握了谈判的程序与节奏，可以予取予求，游刃有余。

如果双方都是谈判高手，事前都有这种谋略性的安排，那就要看谁的脑筋转得更快、谁的谈判技巧更娴熟了。紧抓主题在这时变得十分重要。由于双方的立场不同，所安排的议题程序当然也就不同。我们认为先谈这个问题对我们比较有利，对方可能认为先谈另一个问题，对他们比较有利。

从表面上来看，激烈的谈判是在讨论合作的细节，但潜意识里却时时在注意自己所设定的议题程序是不是被对方打乱了，或者是自己的思路已经被对方拉过去，随着对方的节奏而改变。面对这种情况，一定要紧抓主题，坚持自己的议题程序，不要去附和对方。

在整个谈判过程中，能不能紧抓主题决定了谈判的最后结果。在议题程序上一旦失守，想要再争回来，有很大的困难。那样，就只能跟着对方的脚步走，不知不觉地便落入了对方所设定的棋局中，陷入“人为刀俎我为鱼肉”的局面。

7

换个格局——起死回生

在销售谈判当中，并不总是那么一帆风顺的，也会因为这样或那样的原因使销售陷入困境，甚至被迫中断。销售遇到困难或障碍时，是另辟蹊径曲折前进，还是就此放弃？继续前进有可能柳暗花明，放弃则无疑会前功尽弃。所以，与其放弃不如继续努力，那么如何才能另辟蹊径、重见光明呢？这里有个可以让销售起死回生的方法，即重新架构法。假设两家公司就某个项目的合作，前景暗淡，每况愈下，他们面临一个选择：是继续合作还是中止合作？某位销售人员向顾客推销某种产品，销售做了许多工作，可在成交的关键时刻，顾客说暂时不需要这款产品了。

要使中止的谈判起死回生，要使濒临失败的销售绝境逢生，作为谈判代表，销售人员就要用重新架构法在顾客的异议或是反对意见的基础上重新架构一下。

假如赞成中止合作的谈判代表或是顾客走到白板前，画下一棵树，这棵树立在悬崖边上，虽然壮观，却岌岌可危，并且解释说："我们的合作就像这棵树，岌岌可危地立在悬崖边。只要一阵狂风吹过，它就可能倒下而坠入万丈深渊。合作一事前进一步则黯然无光，后退一步则海阔天空，不如索性停止合作。"

赞成继续合作的谈判代表或是销售人员走向白板说："我们的合作看起来确实和这棵树非常相似。我同意，至少表面看来它危在旦夕。但是不要忘了，这幅画还有非常重要的一个方面。"这个谈判代表或是销售人员在图上加了一些线条，这些线条就是密密麻麻的树根。这些树根从树的底部一直延伸到悬崖里，看起来根深叶茂。

这位谈判代表或是销售人员转过身淡淡地说："这棵树就像我们的合作，有扎实的基础。虽然过去的一年中我们没有做到位，但只要我们继续提供养料，不管多猛烈的狂风都不可能吹倒它。这棵树以后会长得更高大，更枝繁叶茂，因为它的根足够深。我们的合作项目也一样，它深深地扎根于我们数十年来建立的关系上。"

赞成中止合作的谈判代表心想也对，谈判虽然遇到了一些麻烦、障碍，但不至于到了绝境，即使谈判处于绝境的情况下还有可能绝处逢生。任何一场遇到障碍的销售或谈判，只要本着志在成功的心态，积极寻找突破方法，总能使谈判深入下去。

谈判代表或是销售人员并没有否认"摇摇欲坠的大树"这一架构的正确性，而是对这个"摇摇欲坠的大树"进行了重新诠释和架构。这种行为的优点在于它建立在对方已经清楚地理解和接受的架构上，这样的架构对方熟悉明了，容易理解并接受。如果谈判代表或是销售人员擦掉了树，重新画一个新图，重新建立一个与之毫不相关的架构，这个新的架构可能是一个新的观念，这就势必要求对方接受一个全新观点，这相对来说又会困难很多。

8

倾听让谈判更成功

小的动，大的定，小的围绕大的转。倾听的人就是淡定的，就是大的。

要知道，生活中并不是每个人都愿意敞开心胸，向你倾心而谈。他们不愿流露出真实的情感、真实的想法；他们不想用语言来伤害你，不想用语言来冒犯你，更不想被你的语言伤害，被你冒犯。在谈判当中，双方为了藏匿自己的谈判底线，为了获得自己的利益，更不会敞开心胸，倾心而谈，双方都想保留更多的隐私和秘密。如果你想把对方的这些隐私和秘密放在太阳底下，放在桌面上，你就需要借由好的问题仔细倾听，倾听他说的话，揣测他还没说的话。

倾听、倾听再倾听，你的谈判质量一定不一样。记得这样一句俏皮话："与其张开嘴消除所有的疑虑，不如闭上嘴给人当成傻瓜。"倾听非常有价值，倾听可以让他人为你创造提供重要信息的机会，倾听也给对方创造发泄情绪的机会，倾听同样可以给对方创造表达新的想法和见解的机会。要知道这一切都可能影响到谈判的结果。

有些人很想讲话，他生怕别人不明白他的意思，他会不停地讲，他所讲的全都是他心中想讲的话，却从不想听听别人在讲些什么。

一个人要能够受到别人的欢迎，口才好固然是一项重要的因素，可以清晰而准确地表达自己的想法，对沟通大有助益，但是如果他只讲他所想讲的话，而不能听听别人在说些什么，他的人缘一定不会太好。不能倾听别人所讲的话，怎么知道别人想听些什么话呢？所以在成功者的特质里，倾听也是一种很重要的因素。

作为销售来说，一流的销售人员之所以成功，不是因为他有多好的口才，而是因为顾客喜欢他。这是销售的最大秘诀。要让别人喜欢自己，其中有一项重要因素，那就是愿意倾听，善于倾听。

广交朋友是让人们快速成长的一种方式，我们说一个人的成就高低与这个人的人际关系成正比，你与什么样的人在一起，你便会成为什么样的人。但在与朋友相处的过程中，是会说的人进步大、获益多，还是会听的人进步大、获益多呢？我想，答案显而易见。在与朋友交往时，当一个倾听者，会得到很多的启发。听一位成功者仔仔细细把他成功的经历讲出来，自己吸收到了，那是多么幸运的事。

谈判要双赢，先要了解对方真正想要得到的东西究竟是什么？对方需要什么？你能给予对方什么？如果你能给予的正是对方所需要的，对方一定很高兴，因为你给予了对方想要的东西，满足了他的渴望。反之，如果你不知道对方真正想要的是什么，你给予你认为对方想要的东西，对方收到了你的东西，同时也感受到了你的大度慷慨，但就是感觉不到快乐，因为你没有给予他真正想要的东西。所以，倾听对方讲什么非常重要。从沟通到说服或是谈判，这三个步骤里，先要建立起亲和共识感，然后靠沟通诱发结果，知道对方要的到底是什么东西。接着就是在不违背自己的立场原则之下，尽量给对方他想要的东西。遇到顾客抱怨，不能置之不理，更不能极力抗争，而是要认真对待，侧耳倾听，并把顾客的抱怨当作一件大事。

那么面对顾客的抱怨时，要怎么做呢？

用一个例子来说明：有一个假日，你坐在家里悠闲地看着最喜欢看的电视节目，喝着最喜欢喝的饮料，突然你太太从外面怒气冲冲地跑进来，用力把门一关，对你说："你看，都是你干的好事！"这时你要怎么办呢？

如果你劈头就问："到底发生了什么事？"很可能一场夫妻间的大战立即爆发，但是如果你这样问她："你先别生气，现在你要我做什么？"然后静静地倾听对方要说什么。

如果太太说要你向她妈妈道歉，就立刻拿起电话打到岳母家，总之先让她把目的达到，然后再慢慢地问到底是为了什么事。她达到目的了，她得到了你的重视，气自然就消了。

遇到客户非常生气时，不要先和他讲道理，更不要和客户理论。这时客户正在气头上，什么道理都听不进去，即使完全不是你的责任，也要先让客户把气消掉一点，先缓和顾客的情绪，情绪平静了，心理平衡了，才能慢慢让他说明原因。所以我们常说：先处理顾客心情，再处理顾客抱怨。

让客户消气的最好方法，就是先静静地听他讲。大多数人在把自己心中的不满讲完时，气已经消得差不多了，也已经明白了问题到底出在哪里。如果客户这时发现问题是出在自己身上，他会觉得不好意思；如果问题出在对方，这时他看到处理问题的人这么有耐心地听他把气发完，客户自己也不会再过于坚持自己的意见。在这种情况下，坐下来慢慢分析事情的原委，大家都会在双赢的结果下，把问题解决得圆圆满满。

在谈判桌上，不仅要有倾听他人的能力，还要时时刻刻想一想，对方会有什么话要说。这包括对方会说、愿意说以及不想说与不能说的话。有些人说话很直接，你一听就明白；有些人喜欢拐弯抹角，要让人去想一想，猜一猜，到底他说的是什么意思。还有很多话在谈判中不能说，一说明白了，谈判可能就会破裂，或者回去很难向公司交代。

9

做好一切准备

探寻和收集知识看起来应该是很容易做到的事，就像旅行者收拾行李远行一样轻而易举，但事实是，并不是容易的事就容易做，就能做到完美无瑕。比如，销售人员打陌生电话，谈判人员讨价还价，虽然容易，很多人却不敢去做。同样，在谈判现场，探寻、收集对方的资料看起来不难，做起来却不容易。在这个过程中，用眼睛看容易，用耳朵听容易，难就难在用嘴问。而事实是用嘴问非常重要，因为对方的核心秘密会像藏宝一样，深藏不露。很多人一想到要向谈判对手去探寻资讯时，就没有勇气了。

不敢探寻和询问对方的资讯，有以下几个原因：

总觉得谈判已经开始了，怎么好意思再去问对方一些自己所不了解的问题呢？

认为这样不正好代表自己对对方的情况不了解吗？开口去问对方，岂不是自曝其短，让对方找到自己的弱点？但是从另一方面来看，却是一种善意的表现。我已经不怕你知道我对某些状况不是很了解，向你请教，代表我没有一定要获得全面性利益的企图，那你对我还有什么不能信任的呢？

同时，我向你请教你的想法，你也可以问我一些我的情况，礼尚往来，其乐融融。假如谈判一开始就出现这种局面，双方就奠定了一个和谐的合作环境，以后的谈判会变得很轻松。

想要成为一个谈判好手，就要具备去问很多你想知道的资讯的勇气。以前我们太客气，想要问别人一些事情时，会先对别人说，我们想问你一些问题，希望你不要介意。现在基本上我们已经把前面这一段话拿掉了，直接就问别人一些我们想知道的事。大部分的时间对方也会直接把答案告诉我们。当然，有时别人也会给我们一些假的答案，但是我们总往正面的方向去想，认为别人一定会给我们一些我们想得到的讯息。问多了之后，自己也会分辨出所得到的资讯到底哪些是真的，哪些是假的。了解对方的情况，不是要以此来打压对方，挤兑对方，要占对方便宜，而是要找到成功沟通的捷径，知道对方的需求是什么，对方想解决哪些问题。然后结合自己的情况，了解到自己能为对方提供什么东西，能为对方解决什么问题。这是了解对方资讯的关键。当然，了解对方的情况还可以给自己的谈判加重砝码，给自己的谈判追加资本。

知己知彼，百战不殆。有太多的人想要成功，然而非常可惜的是，这些想要成功的人并不知道他自己所具备的人格特质是什么，有哪些优点，哪些缺点，对于市场也道听途说，雾里看花，也就是在不知彼也不知己的状况下，茫然地工作，会有理想的结果吗？相信很难。

有时资讯的取得，并不见得一定要开口去问，只要多留意一下整个环境，就能对所要进行的谈判内容有进一步的了解。对于一些重要的谈判，一些没有办法实现双赢的谈判，比如国际间的谈判，了解对方的资讯就更重要了。

诸葛亮能面对东吴数十位精英的诘难而无所畏惧，所凭借的无非是对当时天下大势以及双方军事上的优劣有充分的了解。在此之前，诸葛亮没去过江东，对江东的军事力量也不清楚。他利用过江之后短暂的时间，通过看到的军队了解了江东的情况，特别是军事力量。再加上他平时对天下群雄的观察，经过审时度势，早已成竹在胸。诸葛亮的博闻强识足以让江东群儒折服。

诸葛亮去见孙权时，东吴的谋士鲁肃生怕诸葛亮直言不讳，触怒了孙权，预先告诉诸葛亮见到孙权时，说话要中肯一点，千万不要夸大其词。

鲁肃比较偏向主战，或许因为他见到诸葛亮一人力辩东吴的所有谋士，已经被诸葛亮说服，希望孙刘双方能够合作。如果触怒了孙权，对合作的事只有坏处没有好处。然而诸葛亮心中另有定见，他认为鲁肃的话虽然是一片好意，但未必切合实际需要，一切要等见到孙权才能决定。见到了孙权，自然可以从孙权身上打探到相关的重要资讯。以诸葛亮的机智聪明，一旦了解到对方的资讯，他就知道了应对策略。

诸葛亮见到孙权之后，发现现实情况跟鲁肃说的不一样，于是他采用了与鲁肃意见相反的激将法，这个激将法打中要害，诸葛亮的一套说辞让孙权雄心大起。接下来话锋一转，诸葛亮开始以半恭维半说教的方式，告诉孙权是肩负着匡复汉室的重责大任，曹操"挟天子以令诸侯"是汉贼，共杀汉贼是多么重要的使命，何况北方的曹军不适合南方的水战，胜算很大，所以这件事非孙权不可。

孙权被诸葛亮激起了使命感，国家兴亡，匹夫有责，何况贵为"一国之主"，怎可置身事外。孙权当场下令积极备战，决定与曹操一决胜负。诸葛亮所依赖的全部都是资讯的力量。从《三国演义》里可以看出，东吴的将领与谋士对天下大势几乎都不太了解，诸葛亮找到这个弱点，完全以最新的资讯去说服人，最后取得了胜利，也创造了一段千年佳话。

俗话说"见微可以知著"，从一个小地方，就可以看到整个局势的真相。一个谈判高手，知道要在各方面都深藏不露，才能够时时保持冷眼旁观的态度。不仅要能从别人忽略的地方，借着一点点的蛛丝马迹，洞悉全局，还不能给对方有任何可以看穿自己的机会。当对方对你的情况了如指掌，而你对对方的情况也完全了解的时候，双方的资讯就会对称，资讯一对称，鹿死谁手就很难说了。在双方资讯不对称的情况下，掌握更多资讯的人更容易赢。

犹太人是谈判专家，对每一次哪怕是很小的谈判，他们都要事先做大量的准备。犹太人这种充分做好谈判前的准备工作的方式，不仅在商界，而且在外交界都得到了普遍的重视。

犹太人认为，说话和谈判是没有硝烟的战争，三言两语说得好能赢得人心，三言两语说不好能招来杀身之祸，所谓“祸从口出”，就是这个道理。因此犹太人在说话时特别小心谨慎，也不随便乱说，并尽可能地做好准备工作。所以，犹太人在谈判时幽默风趣，从容不迫，应对自如，能随心所欲地控制谈判气氛。

10

敢于开口要求

所谓双赢优势谈判，就是要运用相互有效的谈判策略，使双方都能够达成各自想要的目的。进行双赢优势谈判，就像是在下棋，有一定的规则可循，不仅仅是一种临场反应的艺术，更是一种科学。

谈判过程中，在初期与对方接触时，要用到“开场策略”，以精心的策划，来奠定成功的基础。随后要用到谈判的“中场策略”，从双方的互动，让对方感觉到压力，维持我方的谈判优势。最后要用“收场策略”，让双方都能够得到想要的利益，营造出双方都有“赢”的感觉，这样才能达到双赢的目的。这也是双赢优势谈判最基本的三个概念。

每个人在工作和生活中，都不断地在接触各式各样的沟通、说服或谈判，有时像分配一件东西，即使只是简单到分一个苹果，都不见得能够100%地达成双方都满意的结果。这代表每个人心中所想的都不一样，有时我们猜对方会这样想，而对方却不是这样的想法。如果能够引导对方，照着我们的想法去想，就会有赢的机会了。

在双赢优势谈判中的开场策略里，首先就是要能够大胆地开口提出你的要求。每个人都有买东西的经验，当你看到一件东西是你所喜欢的，你去问这件东西的价钱，或是从标签上看到了价格，当店员问你愿意出多少钱来买这件东西时，你千万要记得，一定要大胆地开口要求。

开口要求其实很简单，只要把嘴张开，把话说出来就可以了。不要担心，只要你大胆开口要求不是盛气凌人，就尽管开口，别人不会把你一棒打出来。你的要求高于目标，你的目标真的就有可能达成。

为什么要大胆开口？因为开口就有赢的希望。你不开口，就根本没有机会。沟通的最大意义就是对方的回应。你不开口，你便得不到对方的回应。对方根本就不知道你心里在想什么，到底要什么！对方想给你的可能会高出你的期望，但如果你不开口讲出来，那么这个可能性就几乎为零。你开了口，说不定在某种情况下，对方会答应你。为了这一点成功的可能，当然就值得你大胆地开口。

当你真的大胆开口、大胆要求的时候，你不要惊慌失措，也不要低声下气，如果是这样，对方就会觉得你的开口有水分，是狮子大开口的那种。他就会大力压你的价。事实上，你完全可以胸有成竹、理直气壮地说出自己的要求，然后静等对方的反应。

一瓶矿泉水，在平时，特别是冬天只卖两块钱，有人还嫌它贵，但是如果在炎炎夏日，刚刚做完一件很费体力的事，全身被汗水湿透，口渴不已，却找不到水喝时，就会觉得一瓶矿泉水10块钱也值得。如果行走在茫茫沙漠里，头顶烈日，脚踩烫沙，随身携带的水都用完了，口渴难忍。当你几乎因为缺水绝望时，有人要卖你一瓶矿泉水，要价1万元，这时你也不会觉得贵了。价格是由消费者可以从这件商品里得到多大的满足而定的。

通常商品的价格都是由卖方先定，卖方定价的依据是成本和市场供求关系。看别人一瓶水卖两块钱，再想想自己的矿泉水是不是比别人的矿泉水好？有哪些别人所没有的特点？比来比去，再加加减减，最后就决定了价格。

可是消费者对于商品的需求度，不像市场价格一样，有行情可以参考，完全看个人需求的迫切性与消费能力而定，这就让业务人员很头痛了。

通常消费者的需求越迫切，能够接受的价格就越高，这就是通常所说的“边际效应”。推销员见到顾客，说了那么多话，无非就是要让顾客渐渐感觉到这件东西对他有点用处，由想要变成非要不可，同时也觉得所能得到的满足会超过付出的金钱，这时就可以成交了。

价格是决定能不能成交的一个重要因素，如果能让消费者相信买了这件商品之后的满足，一定会远远地超过他所要付出的金钱时，价格就能提高了。这就是飞机的头等舱、高级汽车与所有高级消费品能够存在的理由。

在买卖的谈判过程中，买方的压力，可能没卖方来得大，因为买方会有很多选择的机会。觉得这家的东西太贵的话，就会转到别家买，甚至不买也无所谓。而卖方却不能这样想，每一个客户都必须牢牢地抓住，于是业务人员在谈判的过程中，永远都离不开价格因素的考虑。

就以大胆开口来说，卖方大胆开口设定价钱，一定先考虑市场行情，会先想想这个价钱能不能让客人接受，万一客人一听到价钱之后，什么都不说，连谈都不想谈，掉头就走了，那岂不是平白失去了成交的机会？所以定出来的价格总不会太离谱。而买方的大胆开口，除了怕被别人取笑之外，没有任何损失，所以他会毫无顾忌。尤其现在是买方市场时代，买方的优势无可取代。

进入谈判的过程时，卖方会有成本的压力，就算愿意再降价格，总不能降到成本以内，以赔钱的价格卖出去。但买方没有成本的压力，希望价格越低越好。但是事实上，在很多商业谈判中，买方已经不自觉地在为卖方承担了一些价格上的压力：怕杀价杀得太多，对方会拂袖离去；怕被别人以为自己没有行情观念等。如果了解了价格的压力完全在卖方的业务人员身上，买方在谈判的自由度上就提高了很多。

定价策略一定要拿捏得很好，同样的一件东西，价钱差一点点，当然无可厚非，属于正常现象，如果差了很多，客人就会抱怨了。也许在成交之后，卖方因为多赚了一些钱，会很高兴，但这绝非长久之计。

客户不是傻瓜，现在资讯这么发达，再加上这么多的网上购物，像淘宝、当当等，只要你想买，什么都买得到，有时还会更便宜。一个人花一点点小钱做个网站，就可以当老板，而且还可以24小时营业，有的还不必存货，只要有一部电脑加一部电话就可以开店做生意。成本比地面开店低了很多，商品的价钱当然可以降得更低。最明显的就是卖书，网络书店所卖的书，要比实体店低10%~20%，像亚马逊网上书店就是其中的佼佼者。

网络销售对传统行销方式形成了极大的威胁。未来的电脑资讯工业只会越来越发达，有人预言网络销售一定会取代面对面的销售。不管将来会变成什么样的销售形式，只有提供最优惠的价格、最理想的产品品质与最高级的服务，客户才会长久地与你做生意。在这种情况下，价格永远是卖方最头痛的梦魇。

让客户觉得是以最优惠的价格买到一项产品，是很重要的事。反过来说，如果客户发现他不是以最优惠的价格、最好的交易条件买了一件商品，他的心情立刻会跌到谷底，所有因买了这件商品而产生的快乐，都会随之消失，甚至会对这家店或这件商品产生厌恶心理。

11

不要轻易接受第一次报价

在市场竞争中，已经存在的店家，一定是新加入者注意的对象、赶超的目标。如果旧有的店家以降价来面对竞争，利润薄如纸，那么新加入者就会算一算自己这时加入这个市场合不合适。如果发现自己这时进入市场，会经不起削价竞争而造成亏损，倒不如选择不进入市场，至少不会亏本。

谈判也是一样，先开出条件的一方，就取得了先行者的优势。不管开价开得多离谱，无论如何，另一方一定是以这个先开出来的价钱作为还价的依据，绞尽脑汁去想，对方为什么会开出这样的条件来，有什么原因？

一般对于价格而言，高开高走，低开低走。你报价高了，你就往高的方面去妥协，报价低了，你就往低的方面去妥协。最后成交的差距会很大，因为开口报价的差距很大。

这是先开价一方所拥有的条件或优势，叫作“先行者的优势”。这个优势是先开口报价的一方所拥有的。如果你是后报价或还价的一方，你也想拥有这个优势，方法很简单，只要马上还对方一个也很离谱的条件，打掉对方那个“先行者的优势”。对方一急，就把他的理由全都说出来了。讨价还价也是一种辩论，要辩论就要有很多理由来支持自己的论点，双方为了坚持自己的条件是合理的，都会把所有的理由毫无保留地说出来。

要成交，条件一定要能够均衡，你能接受我的条件，我也能接受你的条件，理由不说出来，别人怎么会知道？理由一条一条地说出来，大家越来越明白对方的想法，总会找到最后的均衡，那时就会很快乐地成交了。

先开价拥有“先行者的优势”，但并不是每个时候都拥有这个优势。有时候，在谈判情况不甚明了、对方底线不太了解的情况下，先报价反而会报高价格。下面这个爱迪生转让专利案例就是一个典型，尽量做个沉默者，让对方先开价，并且不轻易接受对方的第一次开价。

任何一个卖方，或多或少都会先把价钱拉高一点，预先留出一个让步的空间，买方如果立刻答应了这个价格，岂不是傻瓜？谈判时让对方第一次开价的第一个原因是先让对方作出承诺，也就是在谈判的过程中，让对方先开口。当对方先开口了，自己就立于不败之地了。因为对方先开口，说出来的价格，有可能会比自己预期的还要高。

人类最伟大的发明家爱迪生有过一次这样的经验：有一次他又有了一个新发明，而且已经得到了专利，他所服务的公司有意把他的这项专利买下来。公司把爱迪生请到办公室里去谈，告诉爱迪生，公司想买他的这项专利，问爱迪生想卖多少钱？爱迪生是个发明天才，是个很好的工程师，他对研究发明有很高的造诣，但对于谈生意就不一定在行了。

也许在爱迪生的心中，这项专利只是一时的灵感或是一项雕虫小技，能卖5000美元就算很好了。可是面对公司的老板，又不好马上开口直接就要5000美元，怕老板觉得他开的价钱太离谱，听了会吓一大跳，让老板觉得自己是个抓住了机会就想狮子大开口的人，总不太好。

爱迪生说：“那就看公司认为这项产品的价值有多少，全看公司的意思好了。”老板一听，倒也很干脆，既然爱迪生要由公司来定价格，那就直接说出价钱好了。老板对爱迪生说："既然这样，那就40万美元好不好？"最后所问的好不好，就是爱迪生还有表达自己意思的机会，还有商量的余地。爱迪生心中只想着5000美元就够了，一听现在突然涨到了40万美元，哪里还有什么意见？于是一个专利的买卖谈判就在这么简单的方式下完成了。

第二个原因是在对方开口之后，我们可以了解对方的状况，了解对方的压力在什么地方。如果对方开出来的价格高，可以判断对方可能很需要这个东西；如果对方开出来的价格很低，那就代表对方的需要性不是很迫切，可有可无。

就算对方开的价格再低，甚至低到零，那也是一种依据，我们可以把原先定的价格加一倍，再用夹心法或差价均分的方式，一点一点地拉近双方的距离。比如说原本定价是10万元的商品，如果对方说："就算你送给我我都不要。"那么可以告诉他："就算你出20万元我还不一定想卖。"针尖对麦芒，谁也不输谁。

假使在这种情况下，还有再谈下去的机会，对方一定会出一点价，他出价5万元，我们就要价15万元，他提高到9万元，我们就再降到11万元，最后还是可以以10万元成交。这就是让对方先开价的好处，不要以为让对方先开价，价钱就被对方锁死，任何商品的价格，都不是哪一方所能锁死的，永远都有很大的谈判空间，最坏的情况也只不过是不能成交而已。

从爱迪生的这个案例还可以发现，在讨价还价的过程中，有时金钱真的像粪土一样，本来5000美元可以买到的东西，一下子花了40万美元。在生意里，经常见到这种现象，尤其在高价格的交易中，更是常见。我们买一块名表，每次杀价一差就是10万元20万元的。

更可怕的是工程项目，一栋大楼的工程报价单送过来一看，一共是5328万元，像后面的28万元一定会被砍掉，这还算是有良心的，5000多万元的工程款里，28万元算什么？更狠的人会把328万元先划掉，再展开价格的谈判，再在5000万元里往下砍。328万元要赚多久才能赚得到？却在一瞬间消失了。

不能在对方第一次出价或还价时就对对方说“Yes”的原因是，它会使对方自然而然产生两种想法。假如你正考虑要买一辆二手车，邻街的一个人正好有一辆车要出售，他要价10万元人民币。对你来说，这是非常合适的价格，你一心想拥有这辆汽车。于是你急忙跑到那里，想在别人前面得到它。你给出一个超低价格8000美元，心想，这样的价格对方一定不会接受，你提出这个价格只是想投石问路看看他的反应。到卖方家后，你围着汽车看了看款式，试了试车的性能，然后对车主说：“它不是我要找的那种车，但我愿意给你8000美元。”

你以为他会对你的还价勃然大怒，但是实际的情况却出乎你的意料，对方爽快地答应，说：“好吧，卖给你！”

8000美元居然成交，让你匪夷所思，你可能会想：“哇，真不敢相信我做成了这样的买卖。太棒了！”

但更多的可能是你会这样认为：我应该做得更好的，我应该出比这更低的价格，或者会认为肯定存在一些问题。

买方对价格的认定，是在自己衡量以这个价格买了这个商品之后所得到的满足，自己购买的这个商品是否与这个价格相符合。但是这样的衡量方法，完全是出于自己的主观。买东西会吃亏上当，都是在这种情况下发生的。因为对方第一次开出来的价格里，还隐藏着很多玄机。假设有一天有个人想买一部车，觉得新车一落地就折旧了，于是去找一部二手车。找到了一部宝马车，车主平时很少开，车况保持得非常好。一问价钱要30万元，经过仔细检查，又试开了一下，真的感觉很好。这时换买方开价了，买方打了个8折，只愿意出24万元。卖方一听这个价格当然不会马上同意，于是卖方表示要去问他太太。假如一分钟后，卖方回来了，说："恭喜你，我老婆说卖给你了。"这时买方会很高兴吗？不会。买方会想，早知道这么好谈，刚刚应该只开20万元就好了。

第二个可能是买方会很自然地想到，说不定这部车子有什么毛病，才会这么爽快地答应，开始对要买的商品产生怀疑，觉得其中肯定有诈。

买方总是希望能以最低的价格买到自己想要的东西，卖方也总是想以最高的价格卖出商品，这是人之常情。所以买卖双方都在找机会找理由去为商品设定价位。

绝不轻易接受对方第一次的开价固然是谈判的开场策略，但是也会有例外，像政府所规定的价格，这是很难改变的，没有一点谈判的空间。因为政府这个客体不一样。

那么什么是双赢优势谈判呢？双赢优势谈判就是双方都作了让步，在某方面都有损失，但谁也没有失败，因为双方通过合作都能获利，而且获利大于损失。双赢谈判的结果是你赢了，但我没有输，或者我赢了，你也没有输。

12

谈判的策略

谈判其实是一个帮助别人同时又帮助自己的过程。谈判双方没有人傻到需要一个输的感觉，因为输的感觉真的不舒服，每个人都需要赢的感觉。如果你总认为你想要的正是别人想要的，两个人的目的一致，那你可能会犯错误，因为也许你们想要的根本不一样。比如，两个人分橘子，也许你要橘瓤，对方要的却是橘皮，如果两人沟通一下，双方就可以各取所需了。人跟人的需求不一样，萝卜青菜各有所爱。当你用了以上的谈判观念去谈判时，你会发现你的谈判之路畅行无阻，并且快乐无比。

1. 讳莫如深策略

讳莫如深在《汉语词典》里的解释是紧紧隐瞒。看到讳莫如深四个字，一般人不容易了解该怎么隐瞒，其实只有一句话，就是"对不起，你的条件不够好。"这句话听起来好像没有什么特别，事实上这句话威力无穷。这句话的威力在于它隐藏的信息，说条件不够好但没说哪些条件不够好。对方一定会想，到底哪个条件不好呢？猜测不出，琢磨不透。越猜测不出、琢磨不透，心里越没底。

在谈判里，可运用的方法很多，这些方法都是给对方施加压力的。在给对方压力之前，自己先要收集到更多的资讯。在给对方的压力中，最重要的是时间的压力。如果在你买东西时，有时间的压力，就很难用较优惠的价格买到商品。同样，你在卖东西时，如果有时间的压力，就很难以较高的价格卖出商品。没有时间压力的一方总比有时间压力的人有优势。所谓“长袖善舞，多钱善贾”。

做100万元的业务容易，还是说一句话容易，当然是说一句话容易。我们可以很轻松地对别人说“你的条件不够好”。你就有可能节省很大一笔资金，所以不妨在适当时机多说：“你的条件不够好。”不妨在适当时机多运用讳莫如深策略，因为它真的管用。

如果是他人对你以其人之道还治其人之身，对你说“你的条件不够好”时，你该怎么办？当别人说你的条件不够好时，要马上对他说：“那您认为要多好才算好？”不管对方提出的要求有多离谱，总要让他开口说出条件来才行。我们去看车的时候，一个价钱都没有开，对方完全处于被动的状态。谈判的策略原则里，如果有本事让对方先开价，那时我们就已经立于不败之地了。

2. 保持弹性策略

在谈判中，坚守自己的原则和立场很重要，在原则和立场以外保持一定的弹性也很重要，要像水一样，该硬时便是坚冰，该软时便是柔水。尽变通之能事，这样的目的只有一个，那就是确保谈判的顺利进行，最后达到双赢的结果。

保持弹性并非一味地谦让，一味地忍让，一味地避让，而是为达到双赢目的，在坚持根本利益和权利不动摇的情况下适当做些调整，甚至做些让步。你可以向对方表明你非常确信自身立场的恰当性或正确性，但为表示诚意起见，可适当做些调整。当然，你的姿态及接下来所有的姿态，在某种程度上都取决于对方采取的姿态，或是你预计他们会采取的姿态。倘若对方很不合作，甚至咄咄逼人，你让一步，他进两步，表现出很强势。在这种情况下，你就不需要忍气吞声、一味退让了。倘若对方很合作，而你仍坚持强硬的话，让对方撞了南墙，这显然没有什么好处。

决定谈判姿态的最可取办法是设计一系列“如果……那么……”情境。如果他们如预期般采取强硬态度，这表明他们不太可能合作，那么我们也应该同样强硬，坚持自己的立场。但如果对方开始的态度表明愿意让步，那么我们也应该留些商量余地。

硬碰硬并不是个好办法，此时你可以考虑这样的情境：如果他们如预期般采取强硬态度，表明他们不太可能合作，那么我们就旁敲侧击，告诉对方我们也考虑过采取这种姿态，但在估算了双方合作能带给彼此的利益之后，我们决定，只要对方也愿意在某些问题上妥协，我们很乐意在有些方面进行让步。

这就像赛跑时选手的起跑，如果一开始状态很不对，那么接下来就不得不投入极大的努力才能达到最佳节奏和步伐。

欧洲人在赞比亚开铜矿。欧洲人跟赞比亚的工人说：“你们的住房将是楼上楼下带电灯电话的标准楼房，但是现在为了先开矿，咱临时盖一些工棚，你们先住着。”

这些工棚在当地的生活水准看来，已经是很好的居住条件了，但赞比亚工人不满足，他们要住标准楼房，因为欧洲人事先有承诺。

欧洲人还是坚持建工棚。工棚建起来了，可问题是没有水，喝水是个大问题。欧洲人从赞比亚河用水泵把水引上来蓄在水槽里，水的问题基本解决了。可接下来的问题就让欧洲人不明白了，欧洲人修一次水槽，这些赞比亚工人就推倒一次，他们宁肯提着水桶去河里提水。赞比亚河里有很多鳄鱼，小孩和妇女来河边提水时常会被鳄鱼拖走，危及生命，但赞比亚工人仍然不停地到赞比亚河提水，这让欧洲人感到莫名其妙。

欧洲人心想，这不行，我得再修一个，没想到修好之后又被人推倒了。于是，欧洲人找到工会协商。后来他发现，这些赞比亚工人认定一个道理，那就是，如果我们住在工棚里，能喝到赞比亚河的水，住得还算舒适，那么你们欧洲人绝对不会为我们盖房子了。

赞比亚工人竟用牺牲妇女儿童性命的方法给欧洲人造成一种压力，促使欧洲人盖房。最后欧洲人妥协了，说，那好了，咱先不开矿了，先把楼房盖起来，咱别牺牲生命。最后欧洲人为赞比亚工人盖起了楼房。

上面的案例中，如果欧洲人不采取弹性原则，一直坚持不给赞比亚工人盖楼房，双方一定还会僵在那里，这样对赞比亚工人不好，对欧洲人更不好，欧洲人的铜矿因此便无法开工。

3. 避免敌对策略

谈判也可以算是一种游戏，既然是一种游戏就需要有一个游戏的心态去对待，不能板着面孔、神情严肃地去做游戏。如果每一笔生意都要把价钱砍得你死我活，非要得到最大的利益不可，这样生意会越做越小，路也会越走越窄。

永远避免正面的冲突，避免跟人辩论，辩论几乎没有双赢，只有一输一赢。事实上，在辩论上输就是赢，赢就是输。因为如果你胜了，还是跟失败一样，为什么呢？假定你辩论赢了对方，把对方的意见驳斥得体无完肤，结果又怎样呢？你赢了自然高兴，他输了自然感觉自卑，感到不满，有时，即使他表面上被你说服了，但他心里仍在固执地坚持自己是对的。如果对方不是心悦诚服地被你说服，你赢了又有什么价值呢？不仅没有价值，反而会被人不屑。

谈判时一开始就要避免敌对。在自己的潜意识、自己的观念里，首先就要有一个开放的心态，有一个不与人敌对的心态。当你心里有这种想法时，你对待对方的态度是朝向合作的，别人对你的态度和方式也是包容的，是朝向合作的。会做生意的人一定是永远保持满脸的笑容，见到人就热情地打招呼，不会是见到任何人都冷冰冰的。如果我们进到一家店里，老板摆着一副不可侵犯的态度，问他话他也爱搭不理，说起话来冷冰冰的，这样的店你会买东西吗？当然不会。或者老板在谈价钱的时候，一直说他亏本卖，而且还摆着一副臭脸，很不情愿、很不高兴的样子，你就算以很便宜的价钱买到了商品，也不会有愉快的感觉，更不会有下次再来的想法了。

在谈判过程中，一定会遇到意见不同的时候，如果你本着针锋相对、针尖对麦芒的态度，双方一定会闹得很僵。如果你换一种包容、避让的态度，情况就完全不一样了。谈判就像两人在一条狭窄的山道上相逢，在这条道上，两人相向而过，如果两人正身而过，谁也不让谁，那么谁也过不去。如果两人侧身而过，两人都能过去。要想两人都能过，两人都必须在内心有想让别人过去的想法。

两者相逢，强者胜；强者相逢，智者胜；智者相逢，德者胜。德的力量是最强大的。这个“德”里就包含包容之心、不与人敌对之态。

在谈判中，抱着不与人敌对之心，你会发现处处顺风顺水，即使有障碍最终也会畅通无阻。如果遇到向客户抱怨价格太贵、服务不好，或是产品很快就损坏了的情况时，可以用“3F”法则来应对，即：Feel感觉，Felt感受，Found发觉。

举例来说，客户抱怨产品的价格实在高得离谱，非常不满意。出来接待的人员，要用避免敌对的方式，先很诚恳地表示“××先生，我深深了解你的这种感受，因为很多客户也有同样的感受。当他们经过详细的了解之后，终于发觉我们公司的产品，真的是物超所值，一点都不贵。”接着把别人的经验一点一点地说出来。一定要先去认同对方的看法，然后再把自己的想法告诉客户，这样就避免了敌对。

经过这样的处理，客户抱怨的心情就会缓和下来。如果处理人员一开始就采取敌对的态度，对客户说：“你认为我们公司的产品贵，但我觉得一点都不贵。”这便是火上浇油、雪上加霜。

客人说：“你们公司的产品品质实在够差。还没用几天，就什么都不行了。”如果你直接顶回去：“如果我们公司产品品质算差的话，那市场上就没有好产品了。”对方一听，即使原来心中没有火，经你这样激烈反驳，他也会跟你没完没了。有很多从事业务工作的人，年轻气盛，血气方刚，听到别人一点点怨言或敌对声，便立即起而攻之，有理无理都要理论一番，争论一番，殊不知，这样的业务员，争来了胜利，失去了友谊，争赢了争议，失去了生意。

不与人敌对的心态和观念不仅在谈判领域、销售领域、客户服务领域有用，即使在家庭生活、夫妻之间也有用。

现在全世界都面临一个很严重的问题，就是两性关系问题，现在离婚率为什么这么高？就是因为什么事都采取直来直去的方式，毫无转换的空间。

有一对夫妻，太太的事业越做越大，好得不得了。先生平时也很努力，但是这时刚好遇到一些挫折，失去了工作，待在家里。

太太有一天不知道在外面遇到了什么事，回到家里非常不开心，对先生说：“我这一生做得最错的一件事就是嫁给你，天天窝在家里，也不知道在干什么？”

如果你是这位先生，遇到这种事你会怎么说？先生很可能会说：“你认为这一生最错的事就是嫁给我，我还认为我做得最错的事就是娶了你。”先生也许会想：一个男人没工作，待在家里已经够郁闷、够委屈了，还不带两瓶酒，再切一些卤菜，陪我喝两杯，鼓励鼓励我。你倒好，不安慰我，不鼓励我，反而来取笑我、打击我，真是岂有此理，于是一场大战从此开始。

假如，这位先生改变一种对待太太的态度，说："我能够理解你为什么会有这种感觉，我相信，很多人遇到像我现在的状况也会有和你同样的感受。"

这时太太一定会感到意外了，觉得先生不是在与她对抗。这时先生又说了："不过经过我仔细的了解之后，发觉在婚姻上，我做的一个决定，一定胜过你。那就是我所选择的对象一定胜过你所选择的对象。"意思很明显，自己能娶到对方是一辈子的幸福。

太太更意外了，心里流过一阵暖流，感动得几乎要哭出来了。

于是原本要爆发的一场风暴就这样化解掉了，而且两人从此相处得更好。

4. 解决分歧策略

在谈判过程中，经常会遇到一些意见分歧，很多人认为意见分歧就是走进了僵局，走进了死胡同。其实意见分歧经常在发生，不必把它看得很严重。

我们常常见到陷入冲突的谈判者忽略眼皮底下的共同利益，却把注意力放在双方的分歧上，不辞辛劳地证明己方论点和论据的完美无缺，全力以赴试图说服对方。谈判专家利·汤普森解释说："在重要问题上，对一致利益的认识可能比分歧的认识还要困难。"

优秀的谈判人员，以双赢为目的进行谈判的人不会这样。他们不会太在意双方的意见分歧，而更在意怎样妥善地解决意见分歧。

那么如何解决双方的意见分歧呢？

（1）找出双方一致的利益

找出一致利益是一条很有价值的冲突解除策略。有时候它需要我们做出让步，有时候需要把焦点重新聚集在一个更大、更高级的共同目标上。

（2）迂回法

在谈判的过程中，总有很多的议题要讨论，像价格、交货时间、售后服务等。也一定会有条件交换的情况出现，我答应你这个条件，你答应我那个条件。万一遇到某一件事使双方意见分歧的时候，就要用“迂回法”，暂时把这个议题放在一边，先谈其他的议题。像价格问题谈不拢时，可以先谈交货的期限，可以先谈付款方式等。在讨论其他议案的过程中，当双方感觉到对方的诚意之后，再把刚刚无法达成共识的问题拿回来谈，这时双方不再有抵触情绪，很快就能够解决。如果一直僵持在一个议题上，双方很容易因此而产生敌意，有了敌意，就算双方的条件都不错，也很难达成协议。所以当谈判过程中有意见分歧的时候，很简单，只要记住用“迂回法”就行了。

有时候两家公司为了一点点价格上的差异，争执不下，于是去吃饭喝酒，说不定在喝酒喝到最爽的时候，有一方突然放弃坚持，答应对方的要求，于是一场争端就此平息，以后还可能做更多的生意。这也是一种迂回法。

（3）面面俱到

清朝晚期的时候，湖南有个道台叫单舟泉。这人善于观察，办起事来面面俱到。所以大小官员都很佩服他。

有一年，一个在中国游历的外国人上街买东西，有些小孩因未看见过“洋人”，便追随着他。外国人很恼火，手拿棍子打那些孩子。有一个孩子躲闪不及，被打中太阳穴，没多久就死了。小孩的父母当然不肯罢休，一齐上来，要扭住那外国人。外国人则举起棍子乱打，连旁边看的人都被打伤几个。这样，激起公愤，大家一齐上前，捉住那外国人，拿绳子将他捆了起来，送到衙门。因为是人命关天，而且又是外国人，所以此案很棘手。

此案落到单道台手里，他不愧是官场老手，又有丰富的办案经验，马上就将卖乖绝招运用自如。一方面他认为湖南富人很多，而且民风开放，如果办得不好，他们会聚起来说话，或者聚众为难外国人，到那时，想处治外国人做不到，而不处治又办不到。不如先把官场上为难的情形告诉他们，请他们出来帮忙。只要绅士、百姓出面同外国领事硬争，形成僵持局面，外国领事看见老百姓行动起来，就会害怕，因为外国人怕百姓。到这时，再由官府出面，去压服百姓，叫百姓不要闹。因为百姓怕官，所以他们也会听话。而外国领事见他压服了老百姓，也会感谢官府。

主意想好，他马上去拜会几个有权势的乡绅，要大家齐心合力与领事争辩。倘若争赢了不但为百姓申冤，而且为国家争了面子。此话传出去，大家都说单道台是一个好官，能维护百姓利益。他又来到领事处，告诉领事，如果案子判轻了，恐怕百姓不服。外国领事听他这么说，又看着外面聚集的人群，果真感到害怕。单道台又说："领事也不必太害怕，只要判决适当，我会尽力去做百姓的工作，不会让他们胡闹。"

结案后，单道台两面得到好处：抚台夸他处理得好，会办事；领事心里感激他镇压百姓，没有闹出事来，于是替他讲好话；而绅士们，也一直认为他是维护百姓的好官。

这种迎合双边心理的卖乖，关键在于主动操纵人心，善于抓住双方的心理巧妙圆场，两头落好。

（4）公开自己的情绪

有时处理冲突的最好方法是向对方公开你的情绪。一段情感自白或许可以打开另一扇窗："老实说，我觉得你似乎忽略了我的利益。""我本以为除了工作关系之外，我们还发展了友谊，可现在我担心我们只有工作关系了。""我对这个问题实在太有兴趣了，所以可能有点盛气凌人。"有时候，只要不做过头，承认自己的弱点反而让自己更具人情味，对方也会因此觉得跟你相处很舒服。“在这方面你是专家，坦白地说，我觉得这有点超出我的能力范围。”像这样的话能减少对方的威胁感，能缓和对方的情绪。

（5）替代方案

替代方案是谈判中非常重要的因素，但却被大部分人忽视。在很多失败的商务谈判中，究其原因多是替代方案不利或没有备选方案，在双方争执不下的时候，没有其他的解决方案，从而使谈判陷入僵局。

最佳替代方案应在正式谈判前确定，需要充分分析和反复测算，列出具体量化指标，并且需要谈判双方都能够接受，从交易效果来讲，最佳替代方案不应该输于主选方案。我们看一个典型的例子：

法国路易十一是欧洲15世纪最狡诈的君主。当英格兰的君主爱德华四世派军队跨越英吉利海峡争夺法国的领土时，路易十一考虑到自己的势力较弱，于是决定谈判解决。与一场费时耗资的战争相比，路易十一的最佳替代方案是与爱德华四世达成一个更安全的交易。于是，路易十一在1475年与爱德华四世签订了一个和平条约，答应先向英格兰支付50000克朗（英国旧币，1克朗相当于1先令），并在爱德华四世的余生（事后证明这段日子很短）里每年向英格兰支付50000克朗。为了敲定这笔交易，路易十一款待爱德华四世和英格兰军队整整两天两夜。为了表示诚意，路易十一还委派波庞王朝的红衣大主教陪同爱德华四世玩乐。

当爱德华四世和英格兰军队晃晃悠悠地回到船上，结束了“百年大战”时，路易十一做了如下评论：“我轻易地将英格兰人赶出了法国，而且比我父亲做得都容易：他是用军队把英格兰人赶走的，而我是用肉饼和好酒把他们赶走的。”

一个绝佳的替代方案可以提升你的谈判地位，因为有了足够的选择余地，在一些敏感问题上面你可以坚持本方的主选方案，若双方仍未能达成共识，你也可以选择替代方案，对本方不能造成实质影响的。相反，如果替代方案较弱，你的谈判地位也会随之降低，相信你很难有勇气拒绝对方的要求，更可怕的是对方一旦揣摩出你较弱的替代方案，那么你将失去平等对话的机会。

强化替代方案是谈判中较为重要的环节。在实际运用中它并不是一成不变的，可以根据对方的状况进行调整。比如一家知名企业准备请某策划公司为其制定市场战略和流程再造，双方就整体价格展开了谈判。策划公司报价10万元遭到了企业的拒绝，策划公司认为这一报价符合市场行情，任何一家正规公司在同等标准下的出价都不会低于10万元。企业认为这一费用已经超过了他们年初的制定预算，市场行情对他们没有实际意义。双方谈判进入了僵局，策划公司提出了替代方案，具体是：策划公司在原项目中增加培训服务，报价增加1万元。

相同类型的培训市场平均价格是3万元，而本案中策划公司有自己的培训讲师，培训成本很低，策划公司只是少挣些钱而已，但11万元的整体价格就变为很有竞争力；企业方很满意这个替代方案，虽然他们认为在策划费用方面价格偏高，但是低廉的培训费用又省下了一笔开支，认为在这次交易中价值明显超过了价格，欣然签下了合约。

在强化替代方案的同时也要尽可能地了解对方的替代方案，如果获得关于对方替代方案的信息，那将给你的谈判带来极大的帮助。例如，你代表一家食品公司与某省的知名销售商进行产品代理谈判，该销售商进行市场调研后，同意代理你方产品，但不同意现款提货的合作流程，在这个问题上你没有任何让步的余地。在多方的调查和询问后，你知道这位销售商正在和另一家食品企业洽谈代理事宜，从而得知对方因同时运作两类产品，出现了资金压力，只能选择一家公司做代销合作。你知道对方的替代方案后，制订了新的合作方案，增加了市场支持，提升了费用比例，但必须现款提货。这时在双方替代方案的比较中你占据了绝对优势，此笔交易会朝着你的方向发展。

了解对方的信息并非难事，可以在多个渠道中获取。比如在主流媒体的相关文章中、近五年发布的年度报表中、该公司合作的上下游企业及该公司的内部员工等。熟练的谈判技巧只能解决一时之需，要成为一名成功的谈判者，需要日积月累的知识积累，你要时刻观察行业的变化，分析未来市场格局的趋势以及记录所有潜在谈判客户的重要事件，只有下足功夫，谈判水平才会技高一筹。

也许你已经是一名优秀的谈判高手或者你将面对一场十拿九稳的谈判，但无论怎样，还是建议你准备好替代方案，因为谈判永远是变化的，在谈判桌上从来没有绝对的事情，只有认真对待每一个环节，才能够从容应对每一个问题。

（6）拒绝

谈判就是一场没有硝烟的战争，不同立场的双方在或激烈或貌似平和但暗流涌动的局面下为了各自的利益出招接招拆招。在谈判的过程中，在双方的“唇枪舌剑”间，不仅有进攻也有让步，有允诺也有拒绝。从某种意义上讲，谈判过程中的让步和拒绝是相辅相成的。因为，单纯地让步会让谈判一方损失掉更多的利益；而单纯地拒绝，又会让谈判陷入僵局。因此，如何在谈判过程中通过策略性的让步来达到拒绝对方的目的，也就成了供应商必须掌握的一项谈判技巧。

以下是谈判中常见的几种拒绝技巧：

①提问法

所谓提问法，就是面对对方提出的过分要求，通过一连串的问题来提出质疑。这一连串的问题足以使对方明白你不是一个可以任人欺骗的“笨蛋”。无论对方回答或不回答这一连串的问题，也不论对方承认或不承认，都已经使他明白他提的要求太过分了。

例如，某供应商在与一家区域大卖场的合同谈判中，卖场方面开出了十分苛刻的付款条件。这时，该供应商抓住对方苛刻的条款提出以下问题，终于让卖场方面由单方面的强势变为被动。

付款条款的依据是什么？

连锁卖场的其他分店在付款政策上是否也是如此？

卖场对不同供应商付款政策是怎样划分的？

其他同类型的供应商是否也遵照此条款付款？

各位供应商千万要明白一件事情，卖场有时提出要求是不经过大脑的，是经不起推敲的，只凭自己的强势，蒙一个是一个，吓住两个算一双。所以，通过理性的思辨，供应商提出的问题如果在点子上，是能给卖场施加一定压力的，并能迅速扭转谈判中自己的被动地位，使得对方不得不在此基础上进行让步。

②借口法

现代社会中，任何一个企业都不是孤立的，它们的生存和发展与外界有着千丝万缕的联系。因此，无论是在谈判中，还是在企业的日常运转中，总会碰到一些企业无法满足的要求。尤其是面对过于强势的大卖场，企业原来的“贵人”，或是企业非常要好的伙伴等，如果简单地拒绝，那么很可能会使企业遭到报复性的打击，或者是背上“忘恩负义”的恶名。因此，对付这类对象，企业最好的办法是用“借口法”来拒绝他们。

例如，首先表明自己的态度，一定想办法大力促成这事。但将相关权限转至上级相关部门，如企业总裁，或是董事会。通过运作程序的复杂来冷却对方，从而让对方主动放弃对自己提出的条件，因为谈判是有时间限制的，如果对方等不下去了就会自动让步的，并且没有办法怪你，因为不是你的问题，是程序的问题。

③补偿法

所谓补偿法，顾名思义是在拒绝对方的同时，给予某种补偿。这种补偿往往不是“现货”，即不是可以兑现的金钱、货物、某种利益等，相反，可能是某种未来情况下的允诺，或者提供某种信息（不必是经过核实的、绝对可靠的信息）、某种服务（例如，产品的售后服务出现损坏或者事故的保险条款等）。这样，如果再加上一番并非已所不为乃不能为的苦衷，就能在拒绝了一个朋友的同时，继续保持你和他的友谊。

④条件法

赤裸裸地拒绝对方必然会恶化双方的关系。不妨在拒绝对方前，先要求对方满足你的条件。如对方能满足，则你也可以满足对方的要求；如对方不能满足，那你也无法满足对方的要求。这就是条件拒绝法。条件法的好处在于，在拒绝对方的同时，又避免了对方朝你发火，这就是条件法的威力所在。

⑤幽默法

在谈判中，有时会遇到不好正面拒绝对方，或者对方坚决不肯降低要求或条件的情况，你不要直接加以拒绝，相反要全盘接受。然后根据对方的要求或条件推出一些荒谬的、不现实的结论来，从而间接加以否定。这种拒绝法，往往能产生幽默的效果，既拒绝对方又不伤人。

例如，在一些供货时间的条款上，当遇到对方提出一个完全不合理的供货期限时，可以通过先认可对方提出的交货时间，来反推下订单、原料采购、物流所需要的时间，从而让对方认识到这是一个十分荒谬的提议，主动放弃单方面对时间的苛刻要求。

13

避免僵局和陷阱

随着谈判的发展，谈判进入了中场阶段，这个阶段承前启后，是谈判中最精彩的地方，它扣人心弦，跌宕起伏。在这个阶段，有件重要的事需要把握，那就是避免出现谈判僵局。僵局谁都不喜欢，但有些事情不是你不喜欢就不来的，所以，面对僵局，要有一颗红心，两手准备的想法，一是避免出现僵局，二是有效化解僵局。方法有，而且很奇妙，在这一课里你完全可以看到。

1. 胶着状态

在许多谈判中，谈判者更多的是注重追求单一的结果，固守自己的立场，坚守自己的利益，从来不考虑对方的需要，也从来不考虑对方的实际情况。谈判者没有创造性地寻找解决方案，没有将谈判双方的利益实现最大化，致使彼此之间的利益撞车、产生冲突。在这样的情况下，僵局的形成在所难免。谈判出现僵局是双方都不愿看到的事情。辛辛苦苦，磨破了嘴皮，说干了口舌，到头来无功而返，双方一定心存不甘，都会想办法突破。

谈判有僵局很正常，只要找到僵局形成的原因，然后来个釜底抽薪，标本兼治，僵局自然会变活局。我们很多人喜欢下棋，在下棋的过程中，有时不可预料走进了棋局死胡同，形成了僵局。棋局出现僵局，要么另辟蹊径，以求绝境逢生，要么和局了事。谈判僵局也可以这样，要么另辟蹊径，要么和局。有经验的谈判专家认为，导致谈判者陷入谈判误区主要有如下四个障碍：

（1）过早地对谈判下结论

谈判者往往在缺乏想象力的同时，看到对方坚持立场，也盲目不愿意放弃自己既有的立场，甚至担心寻求更多的解决方案会泄露自己的信息，这样一来，很容易变得固执，让谈判陷入僵局。

（2）只追求单一的结果

谈判者往往错误地认为，创造并非谈判中的一部分，谈判只是在双方的立场之间达成一个双方都能接受的点，谈判只是对利益的你争我夺。事实上，创造是双赢优势谈判的重要组成部分，创造使谈判双赢成为一种可能，创造是谈判的更高境界。

（3）误认为一方所得即为另一方所失

许多谈判者错误地认为，谈判具有零和效应，给对方所做出的让步就是我方的损失，所以坚决寸步不让。事实上，舍得相依，得失相存，有舍才有得，有得必有失。有时舍弃对己无用或意义不大的利益反而可以获得对己更有用、意义更大的利益。

（4）误认为谈判对手的问题始终该由他们自己解决

许多谈判者认为，谈判就是要满足自己的利益需要，替对方解决问题似乎是违反常规的。心里在想，你的问题你自己解决，如果你的问题，我替你解决了，就是助他人志气，灭自己威风。事实上，这是错误的。帮助别人就是帮助自己，帮对方解决问题就是帮自己解决问题。

针对上述谈判误区，双赢优势谈判的理念是，成功的谈判应该使得双方都有赢的感觉。双方都是赢家的谈判才能使以后的合作持续下去。双方也会在合作中各自取得自己的利益。因此，如何创造性地寻求双方都能接受的解决方案就是谈判的关键所在，特别是在双方谈判处于僵局的时候更是如此。

谈判桌上出现僵局并不可怕，可怕的是心里出现僵局。思想决定一切，思想上出现僵局，谈判桌上就会出现僵局。要避免出现谈判僵局，要突破已经出现的僵局，你先要摆正心态，正确认识僵局。当你心中认为难的时候，容易的事情也变得难了；当你心中认为容易的时候，难的事情也就容易解决了。

"山重水复疑无路，柳暗花明又一村。"世间万事万物都没有绝对的，有的只是相对性，没有永远的不可能，只有暂时的不可能。这个世界上，可能性永远比不可能性多。中国古代四川的路不好走，所以唐代的李白发出感慨，"蜀道之难，难于上青天！"但现在很少有人说四川的路不好走了，因为随着时代的发展，交通工具的进步，蜀道不再难于上青天了。我们人生道路也一样，认为走不通的路，换种方式或许就可以轻易过去。

对于谈判之路，或许觉得泥泞难行，或许认为没有希望继续谈下去了，但你换种思维或方式，还是有可能谈拢的。

我们可以用一座房子来说明这种思维方式。姑且把这座房子称作"谈判机会之房"。要进入一座房子，大多数的人会选择走正门，如果没人开门，就选择离开，但也有人会选择不同的方式。比如：有人选择继续敲门，有人走到左边看看，有人走到后门敲敲。据我了解，大部分人都是第一类人，没人开门就选择离开，他们轻易选择也轻易放弃。

优秀的谈判者不会这么容易就被打发走，他们不会认为没人开门就是此门永远不开，他们心里想的是更多的可能性。可能屋里的人在后院，或者在做其他的事情没有听到敲门声，或者主人刚才出去了，待会儿就回来。为了验证这个假设，他们会继续尝试其他的可能性。

他们在尝试了第二种甚至第三种可能性，仍没人来开门之后，也不会放弃。他们心里想的是，没关系，有门就有希望，总能守得梅花开的。对于谈判也一样，他们坚信某个重要的问题总会有个突破口，他们会无孔不入地探察这个突破口。他们相信，谈判像一座房子，也有很多扇门，很多个入口，这个方案行不通，就应该考虑选择另外一个方案。经常练习使用这种策略，你就能够比别人更容易地找到进入房子的机会。

谈判中，双方出现胶着状态，僵持不下，是常有的事。小问题或单一的问题，可以用迂回法来解决，但是有时谈判会让人感觉到没什么进展，你有诚意，我也有诚意，你想买，我也想卖，为什么偏偏就在这时停滞不前呢？一定是有某几个议题，无法达成共识，或是彼此之间的基本立场存在着差异。其实只要将布局稍做一些改变，把气氛缓和下来，仍然可以达成预期的目的。第一个考虑是需不需要更换谈判的成员，尤其是要换掉在谈判中让对方很不爽的那个人。人与人的关系是很怪的。有时候你一见到某个人，你便会莫名其妙地喜欢他，对他有好感；有时候你一见到某个人，你便没理由地讨厌他，对他没有好感。所以原本是主持谈判的代表，现在被换下来，也是一件好事，并不见得是这个代表不好，也不是这个代表能力不行，可能是双方谈判者的性格完全不合所致，也可能是已经流于无谓的意气之争。为了达成双赢的目的，这时换个谈判的代表，也许便能拨云见日，打开僵局。

另一种处理的方法是离开谈判的现场，换到另外一个环境去谈。换了环境，就转换了心情。

谈判的地点很重要。当我们发现在某个地方谈判，没有进展时，不妨换个地方谈。许多国际间的谈判，为什么要在第三地举行，就是避免一些不必要的麻烦，避免特定的人干扰谈判，减少双方的心理压力。商业谈判多选择在咖啡店或饭店展开，也是因为相同的原因，以一个中立性的环境，让双方畅所欲言。所以如果在某一地方谈不出结果来时，就应该换个地方去谈，而不是死守着一个地方，坚持着一个原则，到最后一无所得。

在中国人的社会里，生意有没有做成是另一回事，先去吃个饭，来者就是客，请客吃饭不是问题，这是我们经常遇到的情形。趁着吃饭的时候再喝两杯酒，喝酒的过程里，又建立了亲和共识感。喝完了酒，稍有那么一点点飘飘然的感觉时会发觉，我们没有必要这么坚持，对方也没有那么难缠，原来是彼此之间的了解不够。经过换地点、吃饭、喝酒、喝咖啡之后，借着这些调剂，就能把这种胶着的局面打开。

中国有句俗语说："天大地大，吃饭最大。"天下没有比吃饭更重要的事了。结婚是人生大事，当然要宴请亲朋好友，把两人情定终身的事，告诉天下；两个朋友许久不见面，难得聚在一起，当然要吃顿饭；有人过生日要请客吃饭；有人生了孩子，做满月，也要请客吃饭。中国人总是在找机会一起吃顿饭，酒足饭饱时，会觉得好像你我之间的距离又拉近了许多。

吃饭真的可以解决很多问题，被请吃饭的那一方，总会觉得有些不好意思，于是条件就渐渐放软，谈判就有了更多的弹性。所以，我们可以说谈判出现僵局不可怕，只要方法正确就能打破僵局。

2. 让步策略

让步在谈判过程中是不可避免的，让步是谈判的助推器、润滑剂。当谈判出现僵局时，你退一步，僵局就活了。要让谈判修成正果，彼此皆大欢喜，谈判双方就要有一个让步的心理准备、让步的心理愿望。让步是双方的。如果一方让步，另一方不让步，就会比较麻烦：一方一让再让，已经让到边了，再让一步就是墙壁了，就是悬崖了，对方被逼急了，心下一横，你逼我，你欺人太甚吧！你不让我活，那好吧，我也不让你活，我们同归于尽吧！这样对谈判是没有价值的。每个人在生活中要学会谦虚，在谈判中学会让步。

让步不是胡让一通就有效果的，让步要掌握方法。让步的意义在于以我的让步换取你的让步，我的让步是以你的让步为前提的，而且我想要的是以我较少的让步换取你较大的让步，同时还要让你感到满意，有一种赢的感觉。

我们发现让步有以下几种情况：

（1）对方很重视我给予他的让步，同时愿意对我也让步做出回报，有时还会以更大的让步来回报我较小的让步。

（2）对方不重视我给予他的让步，对于我的让步视而不见，无动于衷。对于我的让步不做任何反应，更不给予任何回报，对于我来说，一腔热情遇到冷水了，这个让步便没有了意义。

（3）对方对于我的让步很重视，但这个重视是希望再多让一点。对方是铁公鸡不说，还变本加厉地要求我多让步。他会觉得这人主动让步，柔弱可欺，可以再压压。如果是这种情况，你是好心没好报，你的让步就更没有意义了。我们应尽力促使第一种情况的出现，避免出现第二种、第三种情况。

《福尔摩斯探案集》的作者柯南道尔，在第一次把他的著作改编权卖给欧洲有“戏剧界的拿破仑”之称的弗罗曼时，曾对弗罗曼有一点小限制，戏里的福尔摩斯不许谈恋爱。当时弗罗曼并不争执，满口答应了这个条件，但是，后来演出的剧目里，弗罗曼发现有点不对，爱情是人类永恒的主题，一个剧目没有恋爱便缺少了一些令人心驰神往的魅力。为了迎合一些观众的心理，弗罗曼还是加了些可以算恋爱也可以不算恋爱的浪漫故事。由于演出效果不错，一年之后，弗罗曼在英国会见柯南道尔时，柯南道尔非但没有责怪弗罗曼，相反还表示不反对戏里的福尔摩斯可以浪漫点。弗罗曼以后谈到此事，不无感慨，正是因为当初他对柯南道尔让了一步才取得今日的演出成功。要是他当时固执己见，事情可能弄僵了。所以，有时候，退一步，海阔天空；让一步，柳暗花明。

在第一种情况中，对方要求你做某方面的让步时，你同时要向对方提出，如果我能帮你这个忙，你是否也可以帮我一点什么？很多人不以为然，既然给对方提供帮助，还提条件，有目的性的帮助好像不太好。

这样做的理由并不是人不助我，我不助人，而是要让对方有赢的感觉，出发点是好的。我们衡量一件事该不该做，有时就只看出发点，只要出发点是好的，这种事就尽量去做。

单方面让步之所以坏事，不在于所做让步的大小，主要在于它削弱了你的谈判地位。让步深有学问，有时让步有助于谈判，有时让步却有损于谈判。

请看如下一个例子：

"这MP3多少钱？"

"500元。"

"500元吗？"

"你要是想买，就算450元好了。"

在这个例子里，顾客只习惯性地问了一句，店主便忙不迭地降价50元，这种不打自招、抢先妥协的言行就等于告诉对方原来的标价水分实在太大。顾客肯定会狠狠砍价，也许最后会以300元成交。

如果在让步时用上"如果"的条件限制，那情况就完全不一样了。

"如果你再买一支笔，就按450元卖给你。"意思是，我可以降价50元，但你必须再买一支笔，不然我们无法降价给你。即降价可以，但必须有条件，不是轻易就可以降价的。

在谈判中什么都可以忘记，唯一不可忘记的是这条最为重要的指导原则：在提出任何建议或做出任何让步时，务必在前面加上两个字"如果"。"如果"你把要价减少20%，我可以签订单。"如果"你放弃现场检验，我可以如期交货。

用上“如果”这两个字就可以使对方相信，你的提议正当合理，诚实无欺。

能使你做出决定的唯一准则是：①要看这件事对你方有什么好处。②要实行“礼尚往来，有来有往”的原则。

今天假如你有一套房子要卖，有一个人想买，谈得差不多了，也快要签约了，突然对方提出一个要求，在下个月10号交房之前，1号就把一些东西搬进这间房子里去。遇到这种问题怎么处理呢？你应该说：“那要重新安排我把东西从这间房子搬出去的时间，我一定想办法帮你这个忙。”对方一听，当然很高兴，但是你必须立刻接着说：“如果我能帮你这个忙，你能够帮我做些什么吗？”可以是件很小的事，一个微不足道的要求，但你必须这样做。因为这样做对方才有赢的感觉。

第一，对方可能会提供一些他所擅长的服务。他可能会说，你不是要搬家吗？搬家一定会买新家具，那么这些旧家具我来帮你处理好了。或者送给你一些原先想不到的东西。

第二，提高自己让步的价值感。不做无谓的让步，要做有价值的让步。搬进来时，说不定又发现房子有些地方漏水，有些地方破损，比如，水龙头坏了，窗户坏了，地板破了。对方一定会有话说，如果你做了有价值的让步，你完全可以理直气壮地说，当时是你要提早把东西搬进来，不然这些我就帮你修好了，现在我也没办法，这些小地方你在整修时顺便修一修就好啦！对方可能就没有什么话好说了。

第三，避免对方得寸进尺。有一个朋友卖一部汽车，什么都谈好了，到了最后要交车时却发生了点意外。买方说，应该把汽油加满吧！好！朋友答应把汽油加满。加满汽油之后，买方又说，你帮我把四个轮胎全部换新的，轮胎都这么旧了，不换新的我怎么要啊！买方总有没完没了的要求。遇到这种人要怎么对付呢，一个好办法就是运用投桃报李策略。

答应对方所提出的要求，然后向对方提出另一个要求，对方心里一想，我提出一个要求，你也提出一个要求，看来我无法获取额外的好处，算了吧！别这么累了。这样你就可以阻止对方得寸进尺的企图。但是也不要很硬性地认为我帮了你这个忙，你要给我回报什么。如果言辞咄咄逼人，会把气氛弄得很紧张，沟通应该在很轻松、很融洽的气氛下进行。所以沟通就像下棋，不一定那么严肃，反而会觉得这是一件很有趣的事。

3. “第三者”的角色

在谈判界有一个很有名的例子，是说阿拉伯有一位很有钱的富翁去世了。临终前，他在遗嘱中指定要把他的17匹骆驼分给3个儿子，把$\frac{1}{2}$的骆驼分给大儿子，$\frac{1}{3}$的骆驼分给二儿子，$\frac{1}{9}$的骆驼分给小儿子。

这个问题看起来很简单，但是真要做起来，可难了。17匹骆驼要分作三分，骆驼是一个生命的个体，不能切开来分。面对这样一个难题，大家都不知道该怎么办。于是去找了村里最有智慧的长者。那位长者很轻松地说，我家后院还拴着一匹骆驼，把它也牵过去一起分就好了。骆驼变成了18匹，这样一来，就很好分了。

老大要分$\frac{1}{2}$，分到了9匹，老二要分$\frac{1}{3}$，分到了6匹，老三要分$\frac{1}{9}$，分到两匹，加起来一共是17匹，于是又把多出来的那一匹牵去还给了那位长者。一场原本难以解决的问题，就因为有了第三者的协助，很圆满地有了答案。

在谈判、沟通过程中，谁都不愿意让谈判陷入僵局，如果双方实在打不开僵局，只有一种方法，就是请出第三者，也许这个第三者会带来新的希望。那么，谁是这个第三者呢？有两种人可以扮演这个第三者的角色。第一种人是两边之间沟通协调者，这个协调者必须是双方都承认的一个公正的第三者，如果有一方认为他不够公正，就没办法发挥第三者的影响力。所以他必须先树立起公正的第三者的形象，扮演一个圆滑的角色。

两个人在马路上吵架，引来一些围观看热闹的人。觉得自己理由比较充足的一方，常会拉着身边的路人来评评理。路人只是来看热闹，与两位吵架的主角一点关系都没有，当然是个客观公正的第三者。中国人都比较热心，就算吵架的双方没有一个人去拉路人作评判，路人也常会主动去调解，调解时说一大堆话，最先要说的话也就是强调自己是客观公正人士。这就是中国人可爱的地方。

还有一种人可以扮演第三者的角色，这个地方大家都不太愿意去，可是有时也不得不去，就是法院。双方僵持不下，到了法院，法官一定先让双方各自表达意见，最后根据双方的说辞，判定一个结果，这个结果大家必须照着接受。去法院或许会把问题解决，可上法院毕竟不是好事，一般人不得已是不愿去的。

不过现在的法院也有了更多人性化的改革，为了不让民众到法院去时有太多的心理负担，法院单独设了调解委员会、商务仲裁委员会等。很多国家还设立了简易法庭，把一些当事人觉得很严重，但从法律上来看却只是小事一桩的争端，交给简易法庭去处理。这些都是第三者，等这些第三者都不能解决问题时，只有到正式的法院去，凭着判决书来执行。最好不要走到这一步，走到这一步劳神又伤财。

虚构一个主事人，把自己的主事身份变成代人说话，使自己置身事外，不必为提出的任何要求负责，如果是这样，这个主事人说起话来就方便多了。即使最后闹僵，对方也怪不到自己头上。当然，在某些谈判时，你假装自己不能做主，谁都心里有数，不过习以为常也就从来没人说破。所以，如果没有主事人，不妨虚构一个！

你虚构了一个主事人或其他人，你的权力便变成了受限制的权力，受限制的权力有时是最有效的权力。所谓受限制的权力就是我在这件事情上能做的决策是有限的，我不能做全部的决策。我想做决定，我也想帮你，可我无能为力。

在别人那里或是客场谈判，谈到一定程度，发现对自己不利，甚至腹背受敌的时候，你就可以请出主事人或其他人来。你说，这个已经超出了我的权力范围，我做不了决定，我的领导现在不在，我得回去向领导请示再做确认。这时你便可全身而退，回去之后再做考虑，或者寻找更好的方法或者说领导不同意，趁机压压价。这个效果往往有效，因为对方总不能强人所难。

这样，你就有了一条退路可备不时之需，对方逼得太紧时，有它可做挡箭牌，即使买卖不能成交，彼此也不会过于尴尬，因为："不是我不给面子，而是领导不答应。"

以非主事人的身份出现，可使你在购买房屋、汽车等价值较高的商品时，能先问问价，并了解一下卖主可以做出多大让步。你可以在去看房子的时候，趁机摸卖主的底，然后客气地对他说："还得回去和太太商量商量。"这时你已大致把卖主期望的最佳卖价，以及可能包括在卖价里的其他项目了然于胸了。

请出主事人这个法宝，还往往能争取到更好的协议条款。你可以说：

"要是我可以做主，你的意见我会努力接受。无奈委托人说了，必须坚持延迟交货全额罚款的条件。"

或是说："我深感遗憾，只是你这个建议我的委托人是绝不会接受的。"这种方法有效，但不能无限次地使用，它的效果是随着你使用的次数递增而递减的。第一次使用，别人相信，因为这是人之常情，在情在理；第二次使用，别人会怀疑，怎么又是同样的情况；第三次使用，别人会在想，中间是不是有什么猫腻，是不是在玩什么伎俩；第四次使用、第五次使用……慢慢就不相信了。对方就会在心里说："跟我玩猫腻，跟我玩手段，还嫩了点。”

4. 时间压力

“20/80法则”是很有名的一条定律。全世界80%的财富，集中在20%的人身上。一家公司里，80%的业绩，是由20%的人创造出来的。20/80法则常常在各式各样的现象中出现。协商谈判也是一样，不管谈判的时间有多长，80%的结论都是在最后20%的时间里做出决定。因为人在时间的压力之下，对金钱的看法会变得比较有弹性。

在谈判中，急者多败，慢者多胜。如果你有时间限制，你便多了一层束缚少了一份胜算。在谈判当中，有人性急，有人不性急。有人性急是因为天性使然，天生是个急性子；有人性急是因为时间的压力，事逼到那一步了，他不得不急。性急的人有时候会慌不择路，急不择言。平时很沉稳，平时很持重，一到着急时，说话也结巴了，再着急时，不应该讲的话也脱口而出了。我们很多人在着急时，总会说：“老实说，这是有问题的。”“坦率地讲，我的真实想法是……”当你这样一说，对方会在心里分析，你现在跟我老实说，是不是你过去谈了半天都是不老实的；你现在跟我坦率地说，是不是你刚才谈了一大堆都是言不由衷的。这会破坏掉你在对方心目中的形象，同时也会增加自己的压力。

在谈判中，当时间紧迫时，原来主动变成了被动，原来沉稳有序变成乱了方寸、手足无措了。

人们在谈判一开始时不容易让步、不容易动摇，越到最后，越容易让步。因为时间越来越紧，你会不由自主地变得容易妥协。这就如同赶飞机、赶火车，大家知道飞机、火车都是定点开的，不会为谁多等几分钟。如果我们在飞机、火车将要按时起飞或发动时，便不再拖延，不再东张西望浏览风景，在买东西时不会为了那几元钱、几十元钱和人讨价还价，而是原价照付，拎了就走，这也是时间上的压力。对方没有逼你，是时间逼你，是你自己逼自己。

时间对谈判人员来说，是很重要的条件。在与别人谈生意时，永远都不要让对方知道你有最后期限的压力。如果你不小心让对方知道了你有时间上的压力，那么你便容易被牵着鼻子走。

假如到外地去谈生意，对方在表示了欢迎之后问起："你这次跑这么远的路真辛苦，那你打算在这里停留多少天呢？"如果你不假思索地回答："我只住3天，最多4天，就要回去。"这岂不是把自己时间上的底线全告诉对方了？对方会针对这样的时间，安排出对他最有利的方式，前两天请你去游览观光，第三天再请你吃饭，3天过去，正事还没谈过，到了第四天不谈不行了，可是时间已经没剩多少，只好勉强地谈一谈，随随便便答应了对方所有的要求。

在一宗销售案例中，如果你身为买主，你不需要为时间着急，可以早买一会儿，也可以晚买一会儿，时间对你是有利因素。如果你身为卖主，你就要为时间着急，因为时间对卖方是不利因素，卖方总在想方设法暗示买主当机立断，现在就买。特别是你销售的是那些易腐烂、易过期、易变质的产品，你更会为时间着急。所以，你不妨做个"慢郎中"，让对方着急去，因为你拖得越久，钱在你身上也越久，你掌握交易条件的时间也会对你越有利，因为你掌握了交易的条件。当你慢慢腾腾、不为所动时，他就会想法子让步，他一让步，你便可以前进一步。

在一般人看来，现在是买方市场，买方比卖方容易。其实不然，有些时候，卖方比买方容易，为什么这样说呢？比如某些知名厂家限量生产某种产品，产品有限，购买者如潮，这个时候，卖家好过买家。

5. 掉头就走

在谈判、沟通的过程中，如果能善于使用随时准备掉头就走的策略，谈判的功力就已经增加了10倍以上。随时准备掉头就走，是所有谈判策略中最具杀伤力的策略。

要知道，世界上没有一件东西，没有一个员工，更没有哪一笔生意是非要不可的。如果心中抱着我一定要的想法，那就很简单了，不管多少，不管贵还是便宜，把钱拿出来付掉就好。在日常消费行为中，如果有这样的心理，你可能会付出比你预期更多的钱。如果有随时都可以掉头就走的心态，你可能会付出比你预期更少的钱。在双方的谈判里，如果你有一个掉头就走的心态，并做出一个掉头就走的姿势，你就会是一个赢家。

掉头就走有效，但并不适合任何情况，比如，高规格国际谈判。能够参加国际或大型的谈判，都是重量级的人物，遇到谈不下去时，总不能不顾身份、不顾风度掉头就走，只能换一种方式来表达不满，改为中止谈判。

重要的谈判，有时会在一些比较特殊一点的地方举行。比如，山庄和郊区的别墅，一方面是要以安静的环境创造和谐的气氛，大家可以平静地坐下来谈，山清水秀，景色宜人，大家不着急，一边欣赏风景，一边慢慢谈；另一方面也可以避免谈判人员掉头就走，毕竟山庄交通不方便，既来之，则安之，谈完再走吧！想走也走不了，最多只是不再参加谈判。这时再有一个第三者出来周旋，在威逼利诱之下，还是会再回到谈判桌上的。

掉头就走是非常有杀伤力的一招，甚至是一剑封喉、一招制敌的绝技，可以把明明已经要输掉的谈判挽救回来，起到柳暗花明、绝处逢生的效果。一场谈判要能够对自己有利，必须完全掌握谈判的进程，也就是在你来我往中，渐渐地依自己的意向建立起游戏规则。但是这并不是很容易办到的事，通常是实力较强的一方，比较容易有建立游戏规则的能力。如果谈判所牵涉的议题很广泛，万一因为某些议题使自己失去了优势，很可能从此变成了被动的弱者，发觉想要挽回局势已经很难时，唯一可做的，就是把整个棋盘打翻，重新来过。怎么打翻棋盘呢？很简单，掉头就走。

掉头就走是“边缘策略”中的一种，所谓边缘策略，是把对手推到危险的临界点，再迫使对方产生退却让步折回的念头。边缘策略是以渐进的方式，把状况弄得越来越紧张，让对方先有心理准备，以便让最后的结果还有一点转圜的余地。掉头就走，是一种突发性的举动，往往会激怒对方，以至于后续的协调会出现困难。所以可以“掉头就走”，但是各位请注意，“掉头就走”不等于“拂袖而去”，掉头就走是欲走还留，是为了继续谈下去，拂袖而去是坚决离开，是要中止谈判。语言上不能太强烈，毕竟谈判成功，对双方都有益处，总要为对方留一点面子。

作为买方，你可以掉头就走，作为卖方，商家老板也会这一招。老板出了一个价钱，买方还了一个价，老板马上掉头就走，嘴里还说着：“哪有这样还价的？”

当你遇到这种情况时怎么办？你也掉头就走。如果你对那件产品心仪很久，很想买，那就去绕一圈再回来，装作迷路了一样，很巧合地又遇到刚刚那个老板，说：“怎么转来转去又碰到了你。”最后重新再谈。买东西不必太严肃，再大的差距都有谈拢的时候。在做回头客的时候，不要有什么不好意思的地方。要知道店员巴不得你再回头，他绝对不会说：“奇怪！你怎么又来了。”他一定愿意接着跟你谈。女人在这种事情上就比男人强得多，要买自己所喜欢的东西，不要说绕一圈再去，即使绕两三圈她都会去，今天买不成，隔天还要去，不买誓不罢休。

14

谈判签约的技巧

高潮过后就是结局，这是自然的过程，一部戏好不好，重在结局，一场谈判有没有效率，重在结局。这一课的重点是让谈判顺利成交或签约。美好的结局不是凭空而来的，它需要一点方法和技巧。

1. 降价的技巧

在谈判过程中，双方总会出现就某事一时谈不拢的情况，比如价格。一旦出现这种情况，双方就需要做出调整，就需要不同程度地做出让步。如果彼此不让步，谈判势必会僵在那里，毫无进展。

谈判不是要争强好胜，而是要拿到彼此想要的东西，这样谈判才有价值。但谈判又不是一件永远顺风顺水毫无障碍的事，有时候，有障碍正常，没有障碍也许不正常。所以，重要的是要正视谈判中出现的障碍、困境，要学会正确地让步。而让步又是有学问的，不能一让到底，也不能寸步不让。

假设你现在要卖一样东西，你打算以10万元的价格卖出去，而对方只希望以9万元来买这个东西。你10万元要卖，他9万元要买，中间有1万元的让步空间。你要怎么样让掉这1万元使这笔交易能够完成呢？

会不会有人说：就这样吧，什么都不用说了。你干脆就以9万元来卖？

当然不会。假如可以卖到9.5万元，为何只卖9万元呢？跟金钱过不去吗？即使你愿意以9万元销售，消费者花9万元买了回去，他也不会有赢的感觉。第一种方式你先降价2500元，对方一定会觉得不够，于是再降2500元，一共已经降了5000元了。这时还不能成交的话，再让2500元。如果还是不行，就再让2500元，这样一共分做4次把1万元全都让出去。如果是以这种方式去退让，对方一定在想，你既然已经降4次，而且一让就是2500元，一定会有第5次甚至第6次的让步，那我岂不是赚得更多？在这种期待的心理下，谈判会拖得更长，成交的机会也会降低，因为到了最后不能再降价时，买方感受不到赢的感觉，就算成交，也没有达到双赢的最高境界。

这种方式不行，换一种方式，第一次让价4000元，对方说做生意谈价钱，没有让那么少的，应该多让一点，谈不拢。于是第二次再让6000元，一共已经降了1万元了，这样能成交吗？当然更不可能成交。因为对方心里在想，如果我再坚持，你就会再让8000元。这种谈法怎么可能成交！

于是你又在想，是不是换种让步方式呢？一次把1万元全部让掉，什么情况下会有这样的事情发生？通常是一个客户告诉你："我已经问过3家了，他们的东西跟你的差不多，我也已经到了要决定买哪一家产品的最后关头了，最后再问你这一家，你的最低价是多少？不要再浪费时间讨价还价了，行就卖，不行就算了。"这时卖方就很可能把原先预设好的分次让价一次让掉。可是买方的想法是你一次能降1万元，再降个3000元，应该也不困难，他会期待着下一次的降价。

另一种情况是买方一来就表示他们公司是百年老企业，他们公司的老总一再交代员工绝对不要与卖方谈价钱，而且公司的总裁也一再训示要站在朋友的立场去替对方想一想，所以我不想与你谈判，只要你告诉我，最低多少钱可以成交，价钱合适就买，不合适就不买。这时卖方一听，觉得对方把话都已经说得这么明白了，而且又很有道理，马上就把那

1万元让掉了。事实上，这种说不谈价钱，却是个最喜欢谈价钱的人。说不谈价钱，只是一种烟幕手法，把他喜欢谈价钱的习惯隐藏起来了。

再换一种让步方式。第一次便宜对方1000元，对方一定会觉得10万元的东西才便宜1000元，不干净利落，于是第二次便宜对方2000元，对方还是没同意，卖方这时会觉得对方的确有诚意要买，而自己好像诚意不太够，干脆第三次就便宜3000元，这时已经让步6000元了，再不成交，再让一次，4000元。卖方这样已经让到底了，心里在说，你别逼我了，我已让到家了。买方却还在想，你下一次会不会让到5000元，这样让法，让对方浮想联翩，存有奢望。这样自然也很难成交。事实上，这不能怪对方得寸进尺，因为你已经留下了让步的想象空间。

那到底要怎么让步才是最有效的呢？当谈判遇到要让步时，第一次就让出4000元，这代表卖方的确有想要成交的诚意。真的不行，再让3000元，这时还要露出一副很勉强的样子。再不行，就再降2000元，然后口口声声说已经赔钱了。这种逐步减少的方式有几种好处：第一，会让对方的期望越来越低，心想再让也顶多是500元，这500元让不让都没什么意思了。第二，买方看着卖方这么有成交的诚意，又一直说赔钱了，虽然他不太会相信卖方真的赔了钱，至少会觉得他已经得到了最低的价钱，于是很快就成交了。这就是逐步递减的原则。让步也要有让步的技巧：

其一，让步的重点是以我的让步换取你的让步，我的让步是以你的让步为前提，而且在我的心目中，要以我较小的让步换取你较大的让步；其二，我不仅要以我较小的让步换取你较大的让步，而且还要让你有极大的满足感，让你感到让步让得值，让得高兴，让得心甘情愿，让得心怀感激。如果能做到这一步，那么这个让步是非常成功的。

那么如何让对方对你的让步备感珍惜，并投桃报李，回报给你他的让步呢？要做到这一点，最重要的是要让对方懂得你所做的任何一种让步都不是轻易能够做出来的，也就是说，是经过努力才能做到的，是经过思想斗争、权衡利弊做出的牺牲，你要珍惜它。如果你能做到这一点，对方就会珍惜他所获得的每一点利益，会为此做出相应的让步，否则，他心里会难受，觉得受之有愧。

2．“黑白脸”技巧

在警匪片里，警官把嫌犯抓到之后，送到侦讯室里，对着嫌犯拍桌子以示恐吓，对嫌犯说：“你最好赶快把事情交代清楚，否则你就看不到明天的阳光，坦白从宽，抗拒从严。”这种高压态度会让人胆战心惊，方寸大乱。

侦讯了一段时间之后，又进来另一个警官，告诉原先那个警官有电话找他，于是侦讯的人换成了另一个人。新进来的警官，满脸笑容，问嫌犯要不要抽烟，肚子饿不饿，要不要喝水，像是全天下最和善的警官。还对他说：“我也知道，其实事情没那么严重，你把你所知道的全部都告诉我，我能帮你的一定尽量帮你。”

嫌犯在前一位警官的一惊一乍之下，几近崩溃，这时忽然遇到一位慈悲为怀、普度众生的大善人，顿时会觉得遇到了救星一样，心里在说：“恩人，您救我，我什么都愿意告诉您。”于是一下子就把详细的内情都说了出来，这就是黑脸、白脸的运用。

在商业谈判中，恰到好处地运用黑、白脸策略，可以使谈判顺利地进行下去。在整场谈判中，如果只用黑脸，以严肃认真、斤斤计较、寸步不让的态度去谈判，谈判一定会进行不下去，别人为什么要完全听你的，别人为什么要忍气吞声地看你那一张黑脸。如果只用白脸，以嘻嘻哈哈、逆来顺受的态度去谈判，谈判或许能进行下去，可谈判的结果却是丢城弃地，一无所获。

商业谈判中的白脸、黑脸可以以各种不同的面目或形式出现，可能是人，也可能是某件事情。估价的人、律师、董事会等都可能会扮演很称职的“坏人”，也就是黑脸；政策、原则、各种各样的程序也可以扮演“坏人”，同样是黑脸。例如，“我很同情你们，我也愿意考虑你们的立场，可是董事会是不会同意我这么做的。”“我很愿意在这一点上同意你们的观点，可是政策不允许我这样做。”这些所谓的董事会、政策可能是真的，也可能是假的。

白脸、黑脸的策略随处可见。比如你去看一件东西，问了价钱，然后说如果我今天来买这件东西，回去可能会被老婆修理。意思就是我很喜欢这件东西，可是我老婆却不愿意我花这些钱，我买这件东西，是冒了很大的风险，所以你应该给我一个很好的价格。在这里，“老婆大人”就成了黑脸，当然这个黑脸可能是真的，也可能是假的。无论真假，总会有效。因为店主可能真的相信这个黑脸老婆的存在。这个黑脸的设立合情合理，惟妙惟肖。

有一回，传奇人物——亿万富翁休斯想购买大批飞机。他计划购买34架，而其中的11架，更是非到手不可。起先，休斯亲自出马与飞机制造厂商洽谈，但却怎么谈都谈不拢，最后弄得这位大富翁勃然大怒，拂袖而去。不过，休斯仍旧不死心，便找了一位代理人帮他出面继续谈判。休斯告诉代理人，只要能买到他最中意的那11架，他便满意了。而谈判的结果，这位代理人居然把34架飞机全部买到手。休斯十分佩服代理人的本事，便问他是怎么做到的。代理人回答：“很简单，每次谈判一陷入僵局，我便问他们你们到底是希望和我谈呢，还是希望再请休斯本人出面来谈？经我这么一问，对方只好乖乖地说算了算了，一切就照你的意思办吧！”

有一家公司要为员工投保团体险，找了一位寿险顾问，经过很详细的洽谈，最后由副总裁告诉这位寿险顾问，约定某一天再做一次最详尽的简报，让他能够更完整地了解员工可以得到什么样的利益，同时也做正式的报价。

到了约定的时间，寿险顾问兴冲冲地跑到这家公司，一进入副总裁的办公室，里面竟然有两个人，一位是副总裁，另一位是总裁。寿险顾问很认真地做完了简报，也提出了一个优惠的价格。简报做完后，寿险顾问自认为是最成功的一次，以为这笔生意十拿九稳了。可是突然总裁站起来，一脸很不高兴的样子，对副总裁说："从刚才的简报里，我实在看不出他们公司到底有什么诚意想做我们公司的生意。"说完扭头就走。这时这位寿险顾问真的不知道到底发生了什么事情，接下来该怎么办？傻傻地站在那里，头绪茫然，手足无措。

这时副总裁走过来拍拍寿险顾问的肩膀，讪讪地说："我们总裁这个人就是这样，没关系，你把你最优惠的价格报给我，我来想办法完成这件事。"寿险顾问以为这笔生意就快黄了，忽然听到副总裁这么一说，立即感激不已，直把副总裁当亲人，当知己，当救命恩人。当寿险顾问对副总裁抱有这种依赖信任的情绪时，报出来的价格自然更低了。

古今中外，这种黑脸、白脸的例子多得不胜枚举。以上的几个例子中可以看出，使用黑、白脸策略时可有两个或两个以上的人参与，但并不是每次使用都需要两个或两个以上的人参与，有时没有第三者的介入与协助，一个人也一样可以演出黑脸与白脸两种角色。如果是一个人，那么这个人就要善于演戏，有时声色俱厉，有时又变得和蔼可亲，反复无常的情绪状态让对方摸不清头绪。

人都有吃软不吃硬的习惯，遇到强硬的态度时，神经就会很自然地紧张起来，想要努力对抗。当对抗的心理发展到最高点时，突然见到对方变成了和颜悦色的态度，警戒的心马上放松下来，这时也是最脆弱的时候，对他有什么要求，只要一提出来，差不多都会答应。

父母对孩子也常常不得不用这种黑脸、白脸的方法让孩子就范。想要孩子去睡觉时，常会说："你现在上床去，我就讲个故事给你听，如果不上床去，明天就不带你去玩。"在生意谈判中，这种方法更是常用，你答应我这个条件，我就可以在其他方面放宽一点，如果不答应这个条件，谈判就到此为止。相同的一种方法，只是其中交换的条件不同而已。在政治上把这种黑脸、白脸的策略，称为"一手拿胡萝卜，一手拿大棒"。

这种策略能不能生效，有两个先决条件，一个是时间因素，太早或太晚使用，不能让对方感觉到压力，对方没有压力，这种方法便不会奏效。另一个是交换的东西是否能符合对方的迫切需要。要哄孩子上床去睡觉，对他说，你现在去睡觉，明天带你去看画展。如果画展对孩子没有吸引力，孩子就不会听你的。如果把画展换成了孩子喜欢的玩具，他会马上躺到床上去。

3. 蚕食技巧

说到蚕食技巧，我们先来看一个有趣的故事。

一天，美国著名作家马克·吐温到街上散步，他走进一家书店，发现书架上摆着他本人的著作。他拿起这本待售的书向正在营业的店员问明了书价，这位大名鼎鼎的幽默大师与店员开了一个玩笑。马克·吐温说："鉴于我出版了这本书，我理应得到50%折扣的权利。"店员听他说得有理，便同意了。马克·吐温又说："同时，我又是这本书的作者，我应当得到优惠50%的折扣。"店员只得点头屈从。马克·吐温继续说："还有，我作为这家书店店主的私人朋友，我相信你一定会同意给我平时通常能有的25%的优惠。"店员无可奈何地同意了。"那好吧。"马克·吐温一本正经地说："根据这些条件我认为我理所应当可以拿走这本书，那么税是多少？"店员拿起了笔很快算了起来，算罢，他结结巴巴地说："我大概算了算，先生，除了我们应当给您这本书之外，还欠您37.5%。"

人总不会嫌自己得到太多，能够多得到一些，总是对自己有利的。或者突然发觉还有一些要求，在谈判的过程中忘记提出，就会后悔不迭。谈判已经快要结束，再不提出，就没有机会了。但是既要维持现有的和谐气氛，又不愿意谈判破裂，这些最后的要求，如果一次提出，对方很可能会因此翻脸，只能化整为零，找机会一点点地提，能多要一点是一点。

在谈判过程中利益是相互的，策略也是相互的，你对对方实施了蚕食策略，对方也可以对你实施蚕食策略，因此，要做到攻守兼备，有的放矢。

蚕食策略对做业务的人来说，是非常有用的招数，为什么有些人业务做不好，有些人业务却可以无往不利？业务做得好不好，只看一点，就是看他的成交率。业务做得好的人，一定是经常都在成交，业务做得不好的人，很难成交一笔生意。两者之间有天地之差。我在做业务员的时候，成交客户非常快，除了产品的价格不高，客人很容易认同我的产品外，还能够与客户发展出很好的关系，得到客户的继续支持。除了原有的客户外，他们还会为我介绍更多的客户。如果连第一个客户都没办法成交，那谁能帮我介绍客户呢？

蚕食策略运用在销售上时，有一个最基本原则，就是初期一定要成交。卖汽车的业务员都知道，面对陌生的新客户，要想办法尽量让他先订一辆车子，不管这个新客户想买什么车型，都尽量满足客户。等到订了车之后，谈到车子内部的配备时，再一项一项地说服客户加上去，加了皮椅之后，还要加安全气囊，然后又推荐更高级的ABS刹车系统，这些基本配件加完了，还可以推荐更高级的音响。

4. 让承诺收放自如技巧

有一群小学生经常在住宅区旁的一块空地上踢足球，吵得小区里的人都没办法睡午觉，球还常常打破人家的玻璃，赶又赶不走，大家都很烦恼。

小区里的一位老先生心脏有点毛病，更是不堪其扰。一天，他把孩子们叫过来，对他们说：“你们这些孩子真有活力，每天都来这里踢球，以后你们每次来这里踢球，我给你们每个人10元钱。”孩子们一听，既可以开心踢球，又有钱可以拿，天下哪有这等美事，他们踢得更有劲了。

过了一段时间，老先生把这些孩子叫过去，告诉他们说：“最近我儿子给我的钱比较少，所以在经济上比较困难，但是为了支持你们的体育运动，以后我每次给你们每人5元。”孩子们一听，心里有些不高兴，从10元变成5元，怎么会这样呢？可是想想还有5元的收入，也就勉强答应了。

又过了一段时间，老先生说：“我的经济能力实在无法负担了，以后你们来踢球，我只能给你们每人1元钱。”孩子们一听，马上说：“从10元降到5元，现在只剩下1元，怎么会这样，以后不来踢球了。”于是住宅区里又恢复了平静。

这位老人不愧是谈判高手，先是给出一个承诺，然后又轻松地破坏一个承诺，然后再给一个承诺，接着再毁掉它。先是承诺给每个小孩10元钱，然后改成5元钱，再改成1元钱，把承诺收放自如。让承诺收放自如就是在对方面前先建立承诺，然后再以合适的理由和机会收回这些承诺。建立承诺是给出一个合理的承诺，撤回承诺，顾名思义，当然就是以前说过的话，现在不能算数了。撤回承诺策略对谈判有很大的效果。然而用这一招时要小心，用得不好，对方就会翻脸，说你这人出尔反尔，不讲信用。所以在撤回承诺时，差别不能太大，差得太多，则容易激怒对方。

5. 略施小惠技巧

在生活和工作中，互惠原理随处可见。如果一个人帮了我们一个忙，我们也应该帮他一次忙。如果有人送了我们一件礼物，我们也应该记住送他一件礼物。互惠原理认为，我们应该尽量以相同的方式回报他人为我们所做的一切。

在谈判中，互惠心理非常有效。如果我们先施予对方一点点小的恩惠，然后再提出自己的要求，那么，我们这个要求就很容易被满足。

社会进步到现在，每个人谈判的经验都很多，不管有没有学过双赢优势谈判，到了最后，都会想要追求一个双赢的结果。至少，自己不能觉得在谈判中有输的感觉。到这时稍微给对方一些额度不需要很大的让步，就会带来很好的效果。甚至如果在最后关头，没有略施小惠，这笔生意或许不会成交。因为尽管在谈判的过程中，一切都进行得很顺利，但是如果对方没有赢的感觉，到最后整个翻盘也不是没有可能。

这时，略施一点小惠，目的在于培养对方赢的感觉。如果是卖游艇，就招待对方搭上游艇出海游一圈，再在海上钓一些鱼，弄得大家都很开心。如果你卖汽车，你的客户是北方人，北方到了冬天会下雪，你送他一条雪地防滑链他一定很高兴。

人所追求的只是一种受到别人尊重的感觉，一定要让对方有这种感觉。买卖双方所有的条件都谈好了之后，再释放出一点额外的东西，超出对方原有的期望，这种原本不在期待范围内的所得，对方会更觉得珍贵。像把售后服务的时间从1年延长到3年；送货时，老板会亲自送过去，还负责安装直到客户满意为止，这些都是略施小惠，但对方会更满意。

6．“烫手山芋”技巧

“烫手山芋”是一方在谈判协商的过程中，把问题丢给对方，就像在烤山芋时，有人丢一个烫手的山芋给你，是接还是不接呢？接过来呢，烫手；不接过来呢，可惜。“烫手山芋”谈判技巧就如同打排球，你把球推给了我，我立即会把球推给你。

“烫手山芋”最常见的例子就是酒店里退房的问题，客人如果在下午两点退房，酒店的柜台人员会照例要求客人多付两个小时的房费，客人一定会以各种各样的理由来拒绝，像是在楼下的餐厅用餐，或是已经在这里住了很多天，等等，要求不支付这两个小时的房费。柜台人员会表示自己没有做决定的权力，只有经理才有这种权力。于是客人又要找经理，经理为了维护酒店的服务水准，让客人留下好的印象，很可能会不得不答应客人的要求，这就是客人把“烫手山芋”丢给了酒店的经理。

还有一种情况是买方对卖方说，你们的产品非常好，价格我也同意，只是我们暂时还没有这笔预算。没有预算是谁的问题？当然是买方的问题，但是买方想把这个“烫手山芋”丢给卖方，而卖方当然不甘心，于是又问买方，那请问你们什么时候会有这笔预算？买方如果说不知道，那卖方一定又会问：请问你们公司谁有这个权力决定这笔预算。卖方这样一步步地紧逼，买方会被逼得没法回答，或者把责任推到上级，或直接打电话去问。于是这个烫手的山芋，就被丢到买方的上级那儿去了。

每个人都会遇到这种情况，当朋友来向你借钱时，他都会说他有很多困难，困难是他的问题，与你何干？可是对方一开口向你借钱之后，问题就落在你身上了，到底要不要借给他？自己有没有钱可以借给他？借给他之后，会不会还？这些问题马上都涌上心头，变成了你的烦恼。

假如不想把钱借给他，回答他说：“我没钱借给你。”对方可能还会说：“大家都知道你有钱，为什么不借给我？”像我们在刚刚创业时，经常都会遇到这种事，明明没钱，却不借不行。这些年来这种“烫手山芋”借得就更多了。

任何问题都可以解决，只是一个原则要把握住，就是不要让别人把他的问题，变成你自己的问题，不要随意接别人的“烫手山芋”。你可以协助别人解决问题，但不要把别人的问题接过来自己解决。要知道，接“烫手山芋”容易，送“烫手山芋”就没那么容易了。

前面我们已经做好了谈判的热身工作并了解了谈判的策略。现在，正式开始我们的谈判实战课程。接下来，我们将要开启一个斗智斗勇的全新谈判旅程，准备好了吗？

15

谁先出牌

李海（本章案例都将围绕李海展开）的家人传下来一个古董，最近父亲重病住院，花钱太多。他跟太太商量后，决定有机会就出手以缓解燃眉之急。有一天，来了一个朋友介绍的古董商人。

商人：你们这个古董本来还不错，就是出现了点裂痕，影响了价值。

李海：是吧，我们也不太清楚，我们不干这一行。可能是哪一年搬家的时候给震裂了。

商人：你们想多少钱出手？

李海：啊，这个我们可真不懂啊。这个在外大致值多少钱？

商人：我也不是很清楚，这种东西目前世面也应该有不少。

李海：（夫妻两人相互看看，不知道该怎么接话，想想怎么卖呢，多少钱卖呢？）

考试题目：

谈判中谁先出第一张牌对我方更有利？这个问题经常困扰我们，包括谈判报价，家庭生活中都常碰到。请从以下四个答案中单选谁先出牌对我方更有利：

A. 卖方

B. 买方

C. 我方

D. 对方

你得仔细想想生活和工作中的经验，才会有正确的答案。

选A：卖方先出牌。请问，你会不会跟古董商人说："我们至少不低于3000元卖。"如果说了，古董商人若一口答应，那你作为卖方感觉就吃亏了。当然，也有可能在你报完价后对方转身就走了，因为你开价实在太离谱，远远超过了别人能接受的范围。所以，选A不对！

选B：买方先出牌。请问，商人会说"这古董我3000元买了"吗？不太会，因为卖方有可能要价远少于3000元，那样他就给高了。所以选B也不对。

选C：我方先出牌。你跟爱人说："今天我不烧饭，你烧饭！"结果爱人说："本来我是想好我今天烧饭的，你还问我啊，那你烧吧！"——多此一举！

答案：D，让对方先出牌对我方更有利。

机理：谈判里最大的问题之一就是信息不对称。谁占有信息谁就占有主动权，谁暴露信息谁就失去主动权。好比打仗的时候你站在明处，而敌人在暗处的掩体内。

下面，请你认真品读生活中常见的经典场景，以加深印象：

接线小姐："您好，这里是××××，请问有什么可以帮您？"——踢皮球，不出牌，让你先说。

销售场景：销售人员经验不足的时候总是见面就滔滔不绝，试图把气氛搞活跃。结果越是说话气氛弄得越尴尬，越是说话越是让对方把自己看得一清二楚，毫无神秘感可言。相反，一句“不知道我可以怎么帮到您”更佳。

老总谈判：“呵呵，小李，今天我们来谈这件事情，你看我怎么配合你？”——保护自己，希望对方出牌。

刘邦名言：《史记》中记载了汉高祖刘邦爱说的一句经典语言：为之奈何？（拿它怎么办？）——异曲同工。

总结：谈判中无论你处于强势的一方还是弱势的一方，都尽量让对方先出牌。尽量多占有信息再出牌比较容易让对方接受而达成交易。

学完第一课，请做一道谈判题：

爱人：今晚吃什么？

李海：（该怎么回答呢？）

爱人：你先说嘛，否则烧出来你又不喜欢！

李海：（怎么回答，再想想）

爱人：你快说！（爱人坚持让你出牌）

李海：（……）

吃完饭，李海去逛了逛礼品商店，想买些礼品送给朋友。于是，他看着爱人同销售人员进行了如下的谈判：

爱人：你这个产品多少钱一个？（搜集信息）

销售：你想买多少？（搜集信息）

爱人：可多可少，看你的价格再定！（踢皮球，也搜集信息）

销售：你买来自己用还是送礼？（搜集信息）

爱人：送礼！

销售：付现金还是刷卡？

爱人：付现金！

销售：这样的话，买一件是1000元，买三件每件970元，买五件是每件940元，买多少？

……（你做何评价？）

谈判中就是应该把信息摸到位后再出牌，也就是有的放矢。

16

花落谁家

在与古董商人的交往中，你可能意识到了自己不能先出牌。同时你可能会问，我方不出牌，对方如果也不出牌，总不会没完没了地踢皮球吧。那皮球会落到谁的手上呢?

这正是我想问你的问题。花一分钟想一想吧！你的答案在这里吗?

A. 对方

B. 我方

C. 卖方

D. 买方

E. 甲方

F. 乙方

G. 急于成交的一方

借这个问题，我们开始上第二课。为了解开上面这道题，请回答三个问题：

既然谁先说话谁先死，如果真懂谈判的人就不会急于出牌，对吗?

反过来，不懂谈判的人就有可能先出牌，对吗?

换句话说，先乱出牌就弱势，对吗？

如果你认可以上ABC三个问题，那我们这道题的答案就出来了：C。

总结：无论你强势还是弱势，皮球一般会落到急于成交的一方手中。弱势的真正定义是：太急于成交。如果双方都不急于成交，这时再看谁的天然地位更弱势。

经过打听，李海知道自己的古董在30万~40万之间。他再次和古董商见了面。

商人：你们想得怎么样？有意出手你们开个价吧。

李海：你是内行，还是请你给我们一个价格吧，能卖我们就卖给你了。

商人：你们这个古董最多8万元，因为有裂痕，所以，价格就要大打折扣。

李海：啊——那可能太低了吧。

商人：8万元我都应该给高了。

李海：……

17

高开低开

李海与古董商继续进行着谈判：

商人：我出这个价是因为我觉得是朋友关系介绍来的，不然，不太可能出到8万元的。

李海：（狠了狠心）最少也得30万元吧。

商人：看来你真对古董不太懂，这个要价你是永远卖不掉的。

李海：低于30万元我们肯定是不能卖的，对不起了。

……

你认为这段对话如何？李海有错误吗？请选择：

A. 没有错误，因为他的古董有裂痕

B. 没有错误，他远远高于对方的出价开价

C. 有错误，他被对方的严重低价出牌给影响了

D. 有错误，他离对方的出价太远了

这个问题，等同于：无论我们先开还是后开，只要轮到我们出牌，我们应该高开还是低开呢？（这里需要澄清一点，高开等于远离期望开条件，低开等于接近或等于期望开条件。对销售来说，高开就是有时候报高

价，有时候报低价，对采购来说，高开就是指永远杀低价）。

请你思考一会儿再回答。

下面请选择：

A. 高开

B. 低开

C. 适度地开

答案：A. 高开。

机理：因为此时开条件，信息还不是很足够，开低了，没有余地；高开后说不定对方答应了，我们占个便宜；高开还让我们成功地布了一个局，让对方必须同我们谈判，否则不能得到他们想要的；高开还有一个好处，就是最后让一点点，会让对方感觉占了便宜——以上并称高开的四大好处。

李海的儿子每晚都是要弹钢琴的，可是今天——

妈妈：七点半了，弹不弹钢琴？（严厉地高开）

孩子：妈妈，你要这样吼我，我就不弹了！（高开）

妈妈：我倒数到三、二、一，你还不弹，后果自负！（继续高开）

孩子：（哭）你天天都这样，我会抑郁的，呜！（继续高开）

妈妈：三、二、一！

孩子：（坐到了钢琴前面，打开琴盖）妈妈，每首曲子弹一遍我就弹，弹十遍我就全部不弹！

妈妈：你要么弹二十遍，要么弹十遍，自己选吧！

孩子：……（没有办法，最后还是每首弹了十遍）

从结果上来讲，方法未必很好，但妈妈通过高开达到了谈判的目标。

下面，总结两种常见的高开方法：

特殊时期：优惠价360元，是因为今天周年庆（或周末打折，或原本400元，今天才降下来）打折，过两天又恢复到400元。（跟刚才那位古董商人的说法是一样的："因为有朋友介绍……"）

这种高开方式，既高开了，也让客户感觉到已经占了便宜，非常实用。

买一送n：如买一送一，买300送100等。

18

高开多少

李海报完价后，太太白了他一眼。李海没有太明白什么意思。随后古董商人走了，说让李海夫妻再商量商量。

李海：你是不是觉得刚才我报低了？

太太：是啊，市面价格要30万元～50万元呢。

李海：你看看，我报30万元，人家都不谈了，而且古董确实有裂痕。报50万元肯定是卖不掉的。反正他不买还有别人。

太太：可是如果他出去随便说了，我们今后还能卖到50万元吗？

李海：我只是针对他报价30万元。

你认为李海报低了吗？如果是你，你会出价多少钱呢？依据是什么？

下面我们开始上第四课。

你可能会问：“开高了，如果对方不同意，不就堵死谈判的路了吗？”是的，所以我们还有一个问题——高开多少的问题。

在招投标中，针对标的报价多少是一个永远的难题；当孩子在跟父母要钱的时候，要多少心中也经常没数，要多了害怕不给，要少了又觉得要一次不容易，太亏。如果你是开贵族幼儿园的，收费多少也是让你困惑不已的……

那么应该开多少呢？开多少的依据是什么呢？如若困难，请做选择：

A. 在买卖谈判中，开多少取决于买方实力，因此要对买方需求有底

B. 在买卖谈判中，开多少取决于卖方成本，因此要对自己成本有数

C. 在买卖谈判中，开多少取决于竞争关系，因此要对竞争对手有数

D. 在买卖谈判中，开多少取决于供求关系，也就是以上因素的综合

你一定选了答案D。恭喜你，选对了！

开多少的核心依据是对供求关系要心中有数，也就是了解我方、对方、竞争方等因素综合后再报价会更容易，这也再一次证实了“谁先说话谁先死”。谈判的核心就是信息的把握，兵家称：知己知彼，百战不殆。

李海夫妻俩在卖古董的时候了解了一下信息，知道了市价，也了解了古董商人愿意出的价，这时候报价相对要容易一些了。可是开多少他们还是有问题的。规则是什么呢？

第一，心中有数（底）时的开价策略。

例1：如果你的成本是4，普遍利润是1，你准备报价多少呢？

例2：如果你去年卖价4，今年拟涨价1，你准备报价多少呢？

这些问题的答案都是：大于或等于6。因为谈判进入僵持或快到僵局的时候都喜欢说：“这样吧，各让一步。”各让一步的极端就是各让一半，即使各让一半也还在我们的期望值5以上。这一策略被称为反折中。专用于心中有底（数）的时候。

比如李海知道古董的行情是30万元~50万元，因为古董有裂痕，所以设定期望值在45万元。底价不能超过40万元。这样报价就得高于50万元。

第二，心中没数（底）的时候如何高开呢？

如果李海没在市场上打听过，一点也不知道行情。古董商人要求报

价的时候，他们是非常为难的。

当心中没底的时候，尽量不要先开条件，因为没有参照的时候，怎么开都是瞎开。

在心中没底的时候，如果非要让我们开（比如我们处于弱势的时候），那就开一个最高可信条件，也就是对方听完开价后，你努力解释解释，对方觉得还是有点可信度的，而不是连“鬼”都不信了。

本课结论：心中有底的时候，可以先开，而不是必须先开，谁先说话谁先死；心中有底的时候，开条件用反折中策略。心中没底的时候，尽量不开条件，先搜集信息；如果非要开条件，就开最高可信条件。

19

坚持还是让步

过了几天，古董商人打电话给李海。

商人：你们考虑得怎么样？再过一段时间，我要参加另一场古董交易，可能手头就紧，买不了了。

李海：你给的太低了。

商人：这类古董不是那么容易出手的，你们也可以试试。

李海：你出价实在太低，我们真是接受不了。你看你能加多少？

李海从未做过生意，也不知道这样问是对是错，根据本能的反应，他这样问了。更重要的是家里缺钱，能卖就卖吧。自己对古董市场不懂，也不知道怎么交易，有一个买家就是一线希望。

你认为李海应该怎么办呢？

谈判中，高开后对方一般是不同意的，而且也会给我们施加如下的很多压力，那我们是坚持住还是让步呢？

谈判压力：

信息——“再过一段时间，这种古董我就不怎么收了。”

时间——“李海，你下周五前最后告诉我一个答复。”

走人——“李海，如果你非要30万元，那就再见吧！”

面对这些经典的压力，你能坚持住吗？请看下面销售失败的案例：

李海夫妇以前曾经买过一套餐桌，他们与卖方之间有这么一场对话。

李方：你这张餐桌多少钱？

卖方：你看标价签吧！

李方：啊！4200元，这么贵！

卖方：这是标价嘛。

李方：那实价是多少？

卖方：3600元。

李方：太高了，我们以前买的只要几十元钱。

卖方：你看我们这货的材料和做工。这样，最多再便宜你200元，3400元。

李方：那我们再比较比较，谢谢！

卖方：别这样嘛！我把我个人的提成也让给你，3300元。

李方：（觉得对方实在没有诚意，走人！）

“失败”案例：李海的太太常跟别人炫耀自己是如何让老公长期洗碗的。她一直都认为自己有好方法。那还是五年前，刚结婚的时候：

爱人：今天你洗碗！我太累了。

李海：好吧！

爱人：（第二天）今天也要你洗碗！我还是累得很。

李海：好吧，亲爱的。

爱人：（第三天）你今天也要洗碗！

李海：哦！

爱人：（后来）以前都是你洗碗，今天不洗，你是不是不爱我啦！

李海：没有啊！

爱人：那你今天洗碗！老公你真好。

（哈哈，你知道固定的家庭习惯是怎么形成的了吧！）

结论：坚持住，别让步！

机理：越是让步对方会越觉得你开的条件过虚，而谈判又恰恰是相互探底的过程，你越是让步对方越是感觉还有空间、有余地，所以就会得寸进尺，一探到底。这样你会严重处于被动地位，被别人“牵住鼻子走”。

20

坚持策略

李海有些苦恼，古董商人三番五次来找，说明他是想要的。但为什么就推进不下去呢？除了让对方开条件，也没有别的办法。你有办法吗？

你又会问了，我们倒是很想坚持住，可你来试试看。对方压力重重，弄得疑云密布，让我们弄不清真假，万一丢了合作机会怎么办？尤其是面临重大谈判的时候。

请你回答两个问题：

如果我们选择让步，对方是会接受成交还是会得寸进尺呢？

如果对方得寸进尺，我们是不是还要接着让步呢？

你可能会说：我承认会这样，可是还有别的办法吗？

当然，坚持住的办法不光有，而且还是谈判最“斗智斗勇”的部分。下面请立即回答：一匹马儿驯不服的时候，你会：

A. 放了它

B. 抽死它

C. 遛它（牵着缰绳绕场几圈，消磨斗志，即蚕食）

答案：C。你选对了吗？

谈判对手一开始不同意是常事，同意了反而不是谈判对手，而是被你欺负的对象。在谈判中，坚持不住时不是让步，更不是放弃，而是“遛”他，消磨其意志，搜集更多信息，拉近距离，就能克服一切困难。

21

蚕食策略：怎么遛

李海的夫人常对他说："你就不是经商的料，这辈子都没有让家里过上好日子。"李海也弄不清楚，商人的思维方式究竟跟常人有什么不同。其实自己也想过去经商，可是后来又没敢行动；太太又常说自己不行，于是这么多年过去了，就再没认真动过这个脑筋。

要想消磨谈判对手的意志，说得简单，做起来难，而且还说不定谁在消磨谁呢。我们怎么做才能行之有效呢？怎么教学才能简单易记、易操作呢？

请记住，以下我们开始讲解谈判里遛马蚕食（或称为遛马，或称为见招拆招）的三大步骤。

亲和 先处理心情再处理事情，要么点头赞美，要么免费午餐。（"把毛捋顺"，生意不成仁义在）

需求 把模糊的问题清晰化。（让对方即使"死"也要"死"得明明白白）

满足 实在应对不了立即转移视线，从另一个侧面把事情看得更"大"。（让对方忽视刚才关注的问题）

以上即是谈判蚕食三个步骤。

下面，再看看李海和张总与那位售楼小姐之间的对话。

张总：你们的房价太贵了，我们买不起啊！

销售：（以下“分解劣势”）我们的房价乍听起来是不便宜（认同），很喜欢您这样的直率（赞美），同时（转移），这也要看怎么比。这里地段好，升值快，转手也方便。（转移）另外，我们社区有这么大的公园在里面，但没有算在大家的公摊面积内，如果平摊下来，那这房子可是太便宜了。（转移）我们另一片社区，您也是知道的，原来卖的房价是8000元每平方米，同样的地段我们涨到20000元每平方米了，先生，您看这还贵吗？（转移）

张总：但我们还是觉得贵，比其他社区都贵。

销售：（以下“转移优势”）先生，我们这里住着本市某区区长，您喜欢与他们为邻吗？我们小区门口就有一个大的家乐福超市，主要服务于我们这个大社区。这里的学校能让您的孩子从幼儿园上到初中毕业无须再寻校择校，您喜欢吗？地铁某线2011年将直接经这里开通到市区，有没有车都无所谓了。而且我们这里定位中高档社区，艺术家、企业家不少，是一个层次较高、自然和人文环境并重的少有社区。您能在社区内享受一个巨大的休闲公园、一个体育公园，打网球、练习高尔夫球、游泳，您难道不喜欢这样的社区吗？（顾客开始动心）

张总：关键还是付不起钱啊！能便宜一点我们就考虑考虑！

销售：（以下“亲和”）先生别这样讲吧，您这样讲那我们这些人怎么办啊！如果像您这样的人都买不起，本市还有谁能买得起啊，那我们的房子还卖给谁啊，您说是不是？您今天能来看房，一来是我们的荣幸，二来也说明您是有诚心想买的，只是想砍点价，是不是？我要能便宜早就给您便宜了，我也想卖房多拿工资啊。别再为难我了，呵呵，我是很想早点帮您把房子弄到手。不然……

张总：我们再考虑考虑吧！

销售：（以下“免费午餐”）这样吧，您也累了，先喝点茶，歇会儿。买房是一件需要认真考虑的事情，我陪您聊一会儿，说不定还能更好地帮到您。我提个建议好不好，我们先去看看样板房，到时候买不买也无所谓了。

张总：那好吧！（开始吃上“免费午餐”，即销售提供的长时间服务）

……

销售：先生，看完之后有什么感觉？

张总：没什么太大感觉。你们快下班了，我们也该回去了。

销售：没关系，我早就通知财务的同事多等半个小时了，再多等一会儿也无所谓的（给客户增加“困惑”，让其不好意思）。我再提个建议吧，反正今天来都来了，我们再去售楼处看看整个城市规划图，我们这里要造一座新的城市起来，包含我们这个社区，总共5500多亩，我们看完后再决定买不买都行，反正来了，就一次性看完，不留遗憾，你们觉得呢？（再遛马，再给客户“免费午餐”）

张总：好吧。（于是来到售楼处，边喝茶边看规划图）

……

销售：先生，看完后，您有什么感觉啊？

张总：没什么感觉。你还是下班吧，我们再考虑考虑。

销售：（以下“光辉前景”和“恐怖故事”）先生，多考虑考虑，对您来说确实是有好处的（认同），先生做事情很仔细，这一点我们非常喜欢（赞美），同时（转移），想请问一下，买房的犹豫成本高不高啊？（恐怖故事）如果明天来，恐怕您喜欢的房子就没有了，再等下一期，房价可能就要翻倍，这几乎成了规律。买什么地方的房子都不会十全十美，相反，如果早点拿到手，早点住进去，在一个全新的环境中享受天伦之乐该多好；如果不住，租了也能把银行的月供还一大部分，关键是它在地铁线开通后会升级那才值得细算呢。买晚了，房价也高，那时候升值空间也小，您说是吗？

张总：我明白。你们还是先下班吧！

销售：没关系，也许我们的房子装修风格您未必喜欢。这样，我提最后一个建议（继续遛马），我们有四套毛坯房你们没有看过，我们再去看看，也许能带给你们一些灵感。反正来都来了，就一次性看完吧，也就十来分钟！

张总：不远的话我们看看也行。

……

张总：这面墙以后能打掉吗？

销售：可以的，不是承重墙。

张总：一期那些房子，他们一楼装修的时候是铺地砖还是用木地板啊？

销售：都有的，关键还是个人的喜好，不过，你们不用担心潮湿问题，我们这里地基都抬高了。

……

销售：先生，天色已经很晚了，您看怎么样？

张总：其实刚才没有好意思跟你们讲（想走人），今天我们没有带首付款。明天我们再来吧！

销售：先生，今天我们就不要这样了好吗？呵呵，我不相信您身上连张信用卡都不带哦。关键还是想为您考虑，如果您真想要，哪怕今天付点定金，明天再来付首付都行。我也跟老板打声招呼，帮您定下来。如果拖下去，一是房子会没有，二是房价可能就再不是这个价了。您看呢？

张总：……（犹豫再三后，刷卡付了定金）

下面，请你集中练习一下下面的题目，考察自己的谈判水平：

我们再考虑考虑！

你们条件太高了，我们高攀不起。

你这人真烦，为什么那么啰唆！

我想找你们领导！

我没有时间了，我得走了，谢谢！

我们的合作结束了，你们太过分了！

你回去吧，我不适合你，希望你能找到一个更好的。

这段课程被称为“临门一脚”的黄金策略，是遛马蚕食的核心手段。如果你是年轻的朋友，请重复练习直到烂熟于胸。如果你是公司老板，请员工多加练习。

经典：

（1）但凡客户产生防备意识，停止推进，立即给客户“免费午餐”或赞美对方。促销的根本就是为客户提供“免费午餐”，继续“给”。

（2）免费午餐是世界上最贵的午餐，因为羊毛出在羊身上。

（3）孩子是被鼓励大的，不是被打大的。

（4）人生三个宝——微笑、点头、赞美。

（5）施加压力是快速成交的极佳办法。

22

收放自如

李海的爱人建议，如果古董商人再来，就给古董商施加一回压力：告诉他，如果不加到30万，就别再来谈了。但李海有些反对，说不应该把话说得那么死，这样没有回旋的余地。万一自己着急用钱还能再见。

你赞同谁的观点呢？

在“三大步骤”中，我们谈到了给对方施加压力，而且但凡要想快速成交，必须给对方施加压力（讲恐怖故事）。

例如：如果你不给我糖吃，我就要动手抢了（儿时不懂事的时代）。

如果你还不答应我，我只能孤独一世了（青年求爱时期）。

如果你还不写作业，今晚就别吃饭了（成年时教育孩子）。

如果你今天不买的话，明天我们就又涨回到原价了。

如果你还不行动的话，我们只能拱手让给别人了。

但是，李海为什么不同意，是因为给别人讲恐怖故事（施加压力）是有风险的：

（1）万一对方不怕，那就失去了意义。

（2）万一对方被吓坏了或吓跑了，那还不如不讲恐怖故事。

那么，谈判中有没有办法既能给对方施加压力，又能收放自如呢？请你从以下的案例中想一想。

案例——黄金搭档

李海本不是干销售的，作为技术工程师，他极少跟客户进行谈判。可是最近公司的一名销售人员走了，李海被暂时委派跟代理商的黄总经理和金副总进行一下压货谈判。

金副总：你看这次价格能不能稍微便宜点？（想想为什么是金副总先谈）

李　海：真的不行了，我们的资源完全用光了呀，要给资源下个季度吧。

金副总：那我们这个价进货也不好卖出去啊，这么高的价格。

李　海：全国都一样，都想价格低一些，可拿不到更好的资源啊！

双方就这样谈了好几分钟，突然——

黄　总：（大发雷霆）你到底是来干什么的，你们公司天天这样，月月这样，今后大家还怎么合作！如果你做不了主，让你们领导过来。一直让我们做贡献，不让我们赚一分钱。开什么玩笑，跟你说这么长时间，你一点都不让步，我们也在帮你们完成任务，你看着办吧！

李　海：黄总，真是这样啊！

黄　总：我不想听了，你们真是太过分了！

（接下来就是沉默，接着黄总转身就走了）

……

金副总：哎，小李啊，我们黄总是轻易不发火的人。这样吧，你好好回去跟领导说说，余下的事情我来帮你处理。

……

（李海感到左右为难）

从李海遭受“压迫”的案例中，你想明白了吗？谈判要收放自如，随时有余地，只有一个办法：唱红脸白脸！

听到这里，你可能会立即问几个尖锐的问题。

挑战1：能不能自己唱白脸，虚拟红脸呢？

答：不能。因为如果你跟对方闹僵了，谈判只能换人，除非你本来就是被安排来唱白脸的。

挑战2：能不能唱唱红脸，再唱唱白脸？

答：不能。因为这叫出尔反尔。比如：

自己：求求你，能不能帮个忙？（红脸）

对方：不可能的事。

自己：我这个人脾气不太好，我就喜欢灭人九族，帮不帮？（白脸）

对方：神经病！

（从此，你就只落得一个恶人的罪名，即使是善人，也是假善人。）

延伸：

特别强势的人，最好找一个红脸来搭配，团队才易稳定。

特别平易近人的人，必须找一个白脸来搭配，才能做出事业。

谈判中对方投入的时间越长，就越是舍不得轻易放弃。

这句话的意思表明：在现场就最好当好人，不要轻易当坏人。

23

踢皮球

在与古董商人的僵持中，李海束手无策。后来李海和夫人唱红白脸给他施加压力，商人仍然无动于衷。古董商人可能看穿了他们的把戏。他们真的没招儿了——想卖个好价钱，但买家现在只有一个，对方不肯加价，而且没太大反应。

李海还有什么理由去找古董商人呢？

在谈判中，我们似乎该做的都做了，如果对方仍然不肯接受，那又怎么办呢？请选择：

A. 放弃

B. 休会

C. 让步

D. 踢皮球

分析：

选A：这不是我们希望的。

选B：休会是可以的，不过，休完会还是老样子，因此不起作用。

选C：让步，就会让对方发现刚才的坚持是假的，因此对方会重新探底。况且怎么让，此时我们心中也没什么底。

选D：踢皮球，试图让对方出牌，我们先观望观望，停止让对方追赶。

答案：D。踢皮球的目的是要将对方从暗处逼到明处来。谁先说话谁先死，没有足够的信息，我们再怎么出牌都是错误的。

李海和太太去了古董市场。他们相信下功夫才能卖出个好价钱。经过打听，这些类似古董确实有一些。从古董市场里打听来的消息，口径也不一样。居然还有人说，这些古董不值钱。

夫妻俩很沮丧，决定走回家去，在路上想想办法。结果他们在路边小摊看到了这样一幕，给了自己不少启发。

小女孩：这条手链多少钱？

老板娘：一口价，25元。

小女孩：太高了！能不能便宜一点？

老板娘：不可能。我们以前还卖30多元呢，已经很便宜了。

（小女孩转身就走。）

老板娘：哎——哎——哎，你别跑啊，如果你真有诚意要，你说个价，能卖我就卖给你，如果你没诚意，你就别还价！（逼人）

小女孩：（一边往外走一边说）如果你要让我还的话，最高10元！

老板娘：拿走！

（小女孩发现自己还高了，拔腿就跑，但老板娘不答应了，冲过去就准备揍人。）

老板娘：你这孩子，你还多少钱我就给你多少钱，你还不要！

李海夫妻俩相视而笑，边走边聊。

太太：你说他们谁错了？

李海：应该是老板娘吧，人家不要有什么错，还敢打人家。

提问：你觉得这个案例里谁有错？你是不是也经常犯这个错误呢？

答案：两人都有错。小女孩最大的问题就是心中没底的时候自己先出了牌，无论是10元、20元还是5元都不对。谁先说话谁先死，开价和还价都叫出牌，都适用于这一规律。老板娘最大的问题是答应得太快，“自杀”了，让小女孩感觉到没有占到便宜。

案例经典修正：我们把李海看到的老板娘和小女孩的案例改造一下，请你体会其中关于“踢皮球”让别人出牌的深厚道理。你看完我们的修正案例后，我相信你会觉得这样的情形若放在生活中你更容易上当。

（从小女孩转身就走开始。）

老板娘：哎——哎——哎，你别跑啊，我也是打工的（运用红白脸），你想买，我想卖，卖了我也有提成，我们一起努力。如果你真有诚意要，哪怕再低你说个价，我去跟老板申请一下，他说行就卖给你；如果你没诚意，你就别还这个价！（逼人到极点，如你不还价，似乎真的没有诚意）

小女孩：你去问问最低多少钱可以卖？

老板娘：我说过了，最低就是25元。如果你真想要，你还个价，我去向老板申请。我的权限就这些。你不还，那我问了也白问。（逼人）

小女孩：你真想卖的话，你告诉我最低多少钱（做转身就走状）。

老板娘：我也想帮你的，只是你也不配合……

小女孩：我也想帮你的，只是你也不配合……

（皮球踢来踢去，都想搜集信息，以便采取更为有利的行动）

李海夫妇似乎一下子找到了灵感似的，他们立即给古董商人打了一个电话。

李海：你好！关于古董的事情，最近古董市场和几位朋友突然都来咨询，一时弄得我们都不知所措。反正你可能也接受不了我们的价格，就算帮个忙，帮助我们咨询该怎么卖呢？

商人：你们啊，就是喜欢折腾。

李海：我们也是希望能够对得起祖先，不然随便送人就算了。希望祖上留下来的东西能为家人做点事情，而且现在家里正缺钱。我们也只有你这一位专家朋友，想请教请教你的意思。

商人：你们能不能少点？

李海：别人都说我这个值60万元，我当初就跟你说30万元，太太后来就天天跟我吵（红白脸）。所以既然你也接受不了，我也正好少讨老婆一顿骂。是吧？

商人：你们看呢？

李海：还是你说吧。你如果想要你说说看吧，你说完我跟太太商量商量（红白脸），如果行，我们也都是爽快人。

商人：……

李海在商人的电话里，感觉到了回暖的迹象，他冲太太眨了眨眼。

24

还价策略

李海被古董商人逼着还价的时候，你一定能感受到李海的难受和被动。而此时，李海说出了自己在市面上打听来的60万元的虚报价格。古董商人开始面临：如果想买如何还价出牌，而李海同样也将面临如果古董商人继续低开，自己又将如何出牌。

在“卖手链”的案例中，小女孩如果系统性地进行还价该怎么还呢？谈判中还价的系统策略又是什么呢？

其实，开价和还价，在谈判中可以统称为出牌。既然都是出牌，那策略就大同小异。以下我们来详细分解，见下表：

场合	心中有数		心中有数	
对比项	开价策略	还价策略	开价策略	还价策略
原则	可以开价	可以还价	不能乱开	不能乱还
策略	反折中	反折中	最高可信	红白脸施压
结论	完全相同		略有不同	

从上表我们可以看出，在还价策略中：

（1）心中有数的时候，可以还价，但不是必须还价。策略仍是反折中。

一件衣服报价500元，你知道有朋友买过450元，你会还多少呢？

答案就是：再高也不能高过400元。这样即使折中对我也有好处。

（2）心中没数的时候，是不能还价的，因为如果还了就是在乱还价，策略完全不同于开价中的“最低可信价”。

请看李海去西南旅游途中发生的案例：

卖家：先生，买一个石头回去做纪念，来一次不容易！

游客：多少钱一个？

卖家：80元一个。

游客：太贵了！

卖家：70元吧。

游客：还是太贵了。

卖家：60元吧。最便宜就这个价了。

游客：（不理会，继续往山下走）

当李海他们来到山下，发现花5元就能买两个。

想想看，如果游客们当时还价20元，会觉得自己脸红不好意思说出口，可结果还是上当。因此，还最低可信价在还价中还是有问题的。因为我们还价的一方往往没有足够的信息。那怎么办呢？

对应策略：转身就走（红白脸）——直接给对方施加压力。

为什么还价的一方敢于转身就走，难道不怕谈判破裂吗？

分析一下，其实还价的一方往往处于优势地位（因为开价的一方更急于成交）。因此，这时还价方可以直接给对方施加压力，学习小女孩买手链的时候，转身就走。当然后果是：万一自己还想合作，就会失去主动权，变得出尔反尔了。

因此，转身就走，是唱了白脸，当了坏人，最好还有一位红脸配合就是绝佳的策略了。

25

接受策略

商人：这样吧，我出20万元。不过，三个月后付给你们。你们缺钱，也算我出点小力气。

李海：你这样，我答应了，我老婆都不答应。

商人：你得跟太太好好商量，说服她。今后再跌价，可能卖不了这么多。现在我手头也不宽裕，朋友又劝我去买别的古董。

李海：那肯定不行，你看你出这个价，我连跟太太商量的必要都没有啊。

商人：要不你们再考虑考虑。

李海：我看也只能如此。那我只能爱莫能助了。

在卖手链的案例中，我们说老板娘最大的错误就在于答应得太快，那么谈判中，应该如何接受别人还的条件呢？

谈判可以被看作一个表演的过程。如果不是表演，谈判双方就应该各亮底牌，开诚布公。但谈判就是谈判，它是信息战，更是信心战。在信息严重不对称的情况下，我们要有信心打赢一场又一场“战争”。

那么，对方还价的时候，我们应该“挺住”不让步到什么时候呢？请选择：

A．达到我们期望的时候

B．超过我们底线的时候

C．不低于我们报价的时候

D．对方快要崩溃的时候

E．我们快要崩溃的时候

想一想，应该选哪个答案呢？

在我这么多年的授课经历当中，总是有人选择A——达到我们期望的时候。很多人认为达到我们期望就满意了。其实，第一，我们可能还能得到更多，而你却已经接受了；第二，满意只是我们的满意，对方可就不满意了，因为答应得快会让对方感到输了，因此达不成“双赢”。

答案是D。坚持到对方快要崩溃的时候，我们既能得到更多，同时，也让对方感受到我们从一开始并非胡乱开条件。

所以，李海在这个时候不接受是对的，而且商人的出价也远远低于一般的行情。

经典谈判对白：

卖方：我们都是打工的，如果您真有诚意，请您好歹还个价，我去跟老板请示一下，如果您没有诚意，您就别还。（扮演红脸角色）

买方：200元吧。（最初卖方报价300元）

卖方：您不能这样开玩笑哦，我们哪有这么大的利润空间，您这样还价我连请示老板的必要都没有啊。您再给一个合适的价格吧。（坚持不去请求老板）

买方：那最多240元。（买家不断“自杀”）

卖方：您这样让我们怎么办啊！真的不行哦，我这样去请示老板，一定被老板痛骂的。

买方：那你说多少？总不能你说300元就300元吧。（踢皮球）

卖方：您再还一个您认为能接受的价，这个价我真没办法啊。（再次要求对方出牌）

买方：我再加20元，260元。不卖算了！（施加压力，当上白脸）

卖方：您把我们的利润空间也看得太大了。这样真的不行啊。

买方：那你再考虑考虑。（准备走人，快要崩溃）

卖方：这样吧，您也别走。您还了这个价，我知道肯定不行的，我看您这么有诚意，我还是去跟老板说说。如果他有办法就最好啦。您稍等啊！

26

保持镇定

商人：你们简直太过分了。我已经让步这么多了，你们夫妻俩还唱双簧。你们还有没有诚意卖东西啊。我买了这么多年古董，还从未碰到你们这么不干脆的人！

李海：……

当我们一再坚持不让步时候，对方可能也会给我们施加压力，这些压力包括：

信息压力："你要是再不降低条件，我们就跟另一家合作了。"

时间压力："这样吧，你们再考虑半天告诉我结果，过期不候。"

直接走人："没诚意合作就算了，走！"

在这三类压力下，我们往往会喘不过气来，尤其是面临第三类压力——直接走人的时候。谈判很容易在此破裂。下面请看《三顾茅庐》这一"此时无声胜有声"的谈判场景：

却说玄德访孔明两次不遇，欲再往访之。关公曰："兄长两次亲往拜谒，其礼太过矣。想诸葛亮有虚名而无实学，故避而不敢见。兄何惑于斯人之甚也！"玄德曰："不然，昔齐桓公欲见东郭野人，五反而方得一面。况吾欲见大贤耶？”张飞曰：“哥哥差矣。量此村夫，何足为大贤。今番不需哥哥去，他如不来，我只用一条麻绳缚将来！”玄德叱曰：“汝岂不闻周文王谒姜子牙之事乎？文王且如此敬贤，汝何太无礼！今番汝休去，我自与云长去。”飞曰：“既两位哥哥都去，小弟如何落后！”玄德曰：“汝若同往，不可失礼。”飞应诺。

诸葛亮在谈判中常常“抱常而守一”，以不变应万变。虽然，刘备的两个兄弟都随时准备走人，但诸葛亮和刘备这一对谈判高手，仍然在博弈。在博弈中最后找到了双赢的结果。试想当时年轻的诸葛亮，如果不这样欲盖弥彰，神秘莫测去“高开”，淡定去设局造势，怎么会有这样的好结果。又试想如果刘备抱定“皇叔”头衔，被激怒了头脑，再加上两位贤弟的唆使，坚持不弯腰，天下就不会有三国鼎立一说了。

下面，请回答以下的问题：

别人冲你发火，你能保持镇定吗？

别人转身就走的时候，我们会怎么办呢？

当你冲动的时候，你会想到先做什么呢？

总结：当别人冲我们发火的时候，想清楚一件事情，谈判是为了各自的利益而进行的交流和沟通。发火有可能是对方真的愤怒了，也有可能是在唱白脸，但无论对方发不发火，我们内心必须镇定。只要利益还在，谈判与发不发火无关，只是在颜面上照顾对方的情绪就可以了。

李海的情况是：商人已经发火了，眼看就要“崩溃”走人了，他们怎么办呢？这是一个尖锐的问题。谈判即将面临破裂，任何一个人我想此时都会担心。

想想卖手链的案例，我们还是能找到答案的。

27

请示领导

李海：×前辈，你也别发火，我们可真是能卖就卖给你了。

商人：你们显然没有诚意，算了吧。（火气很大）

李海：你也再想想，我也回去跟太太商量商量。反正合作不成，大家还是朋友一场，谢谢你。

商人：随便！

谈判陷入僵局，就像两个人闹僵了，该怎么办呢？最典型的案例莫过于两个人打架，谁都劝不了了，只能请来一个公信力更强的人，于是我们报告老师（在校）或报警（在社会）。

谈判中，请示领导的行为与此类似。无论这个动作是真还是假，也许都会起到相应的调和作用，让谈判这潭死水重新活起来。

这样，上一节我们所提问题的答案就出来了：如果对方真的“崩溃”走人了，我们只能再次运用红白脸策略——请示领导。

需要注意的是：

（1）“请示”“领导”这两个词不一定是真的。

①目的主要是缓和气氛，打破僵局。

②给双方更多搜集信息、思考的时间。

③把压力暂时做一下转移。

（2）请示的时间要长一点。

①让对方觉得真实可信。

②让对方觉得很为难。

③给对方做思想斗争的时间。

（3）领导不能是一个人，最好是一群人，简称领导们。

我们在红脸白脸的时候谈到过，如果请示一个人，那就把压力直接转移给了那个被请示的人——领导。这样就让领导直面压力，如果领导处理不好，那就只能面临谈判破裂了。

（4）每请示一次领导，能让自己掌握更多主动权。

因为请示领导，能感知更多对方的反应。

当你去请示完领导回来后，怎么告诉对方呢？说领导同意降低条件呢还是不同意呢？

①如果同意。对方可能今后不再跟你谈判而直接找你的领导；或者认为刚才你就是在故意为难他，而且也让他觉得刚才条件还“高”了，上当了。

②如果不同意。这样你和领导的观点保持了高度的一致，而且可以再观察对方接下来怎么反应。这样更容易掌握主动权。

总结：请示领导相当于我们又使用了一次“红白脸策略”，目的是给对方施加压力，从而缓解我们的压力。其实这也是“遛马”的一个组成部分，也就是继续遛。

28

拖延策略

朋友暂时借给李海一笔钱，但李海还是得想办法还清这些巨额欠款。在朋友的建议下，李海决定参加电视台的鉴宝节目。一是把这个古董的市场价值彻底弄清楚；二是也为自己造造势，同时增加买家的接触机会；三是即使要卖给那位古董商，也要放缓一下，晾一晾他，否则会被对方牵住鼻子走。

经过专家鉴定，他的古董确实应该在40万元~50万元。这坚定了李海一定要挺住价格的信心。

有一天，李海出门的时候，正好在路上碰到了古董商人。

商人：李海，东西卖了没有啊？

李海：还没有呢，前辈。

商人：这次就按我说的办吧，你们卖不了更高的价。今后有机会，我再给你们介绍一些朋友，有机会大家一起做点别的事情。

李海：……

在谈判中，我们在经历了很多的谈判波折后，仍未达成协议。我们此时是继续还是放弃呢？如果继续，是坚挺原有条件还是让步呢？这些我相信都在不断地困扰着你。

想想我们在“蚕食策略”中所说的：实在处理不了客户的异议，我们只能再次“转移视线”。于是谈判出现了变形后的遛马策略——拖延策略！

“这次就先按我们的办吧，下次再按贵方的策略执行。”

“领导说了，这次成交后，今后什么都好办。”

“领导说了，这次如果不按这个办，今后就再不合作了。”

经典案例：

服装加工企业的龚总，去南京拜访服装品牌企业的王副总。一见面王副总就把盖完章的合同递给他：“龚总啊，你看我对你好不好，你一过来我就把合同先给你盖章啦。”当时龚总受宠若惊，二话没说，看也没看就把合同一卷塞进包里了。晚上隆重地对王副总表示了感谢。

龚总回到公司一看，发现自己的合同被修改了，如果按照这份合同执行，一个订单整整要亏7万元钱。于是龚总杀回南京去找王副总。

“王总啊，你忽悠我，这不行，这样做我要亏7万元呢？”龚总说。

“龚总，都跟老板汇报过了，没办法改了，这次先做吧，做完再说。”

“不行，咱们做了亏7万元，不光我不能接受，公司更不能接受啊！”

……

结果王总就开始摆谱：

“龚总，如果这次得罪了我们领导，我只能把这个合同给别人，以后的生意可能就难做了。”

龚总也没有办法，只能拿回去生产产品，然后交货。

案例中的场景在生活中还是很常见的：

“孩子，你这顿饭如果吃了，什么事情都好说！”

“我妈说了，如果买完房子，结婚啊什么的都好谈。”

总结：

（1）当谈判桌上的话题谈不下去后，把未来“打包”一起谈。

（2）每次当别人说“以后再说”“这次先按我们的处理”的时候，切莫随便答应。

29

折中策略

李海：我也想便宜，但是真做不到。你看怎么办？（踢皮球）

商人：那这样吧，我们折中一下。

李海：你看怎么折中呢？

商人：我加一点，你让一点。

李海：你说说看。

商人：28万元。

李海：我们已经打听过了，这个古董完全不是30万元的价，电视台咨询的结果远远高于你这个数。

商人：我也看了那个节目。可是这些专家说是这么说，真让他们买，他们会出这个价吗？

李海：……（你认为现在李海握有主动权吗？）

前面的拖延策略让我们体会了谈判“遛马”这一策略的深度应用。可是如果双方都还接受不了对方的条件，可能你极想提出一种折中的办法，或者对方很有可能提出一种折中的建议来打破僵局。

“这样吧，各退一步……”

“你看这样好不好……”

但是，折中却深藏着一个陷阱。下面请做如下的谈判题：

在谈判中，对方要求你付出500个谈判筹码，但你后来只愿意出460个。此时谈判处于僵持阶段。

对方：这样吧，各退一步，你看怎么样？

我方：那这样，各让一步，480个。

对方：那怎么可能，这么低的条件了，不能这样折中。

我方：那我也没办法。

对方：你这样我连领导那一关都过不了。

我方：……

只要我们稍加认真分析，就会发现：

对方：这样吧，各退一步，你看怎么样？（踢皮球，让我方出牌）

我方：那这样，各让一步，480个。（我们先行出了牌，中了埋伏）

对方：那怎么可能，这么低的条件了，不能这样折中。（坚持住不让步）

我方：那我也没办法。（也坚持住不再让步了）

对方：你这样我连领导那一关都过不了。（用红白脸策略施加压力）

我方：……

从上面的案例我们很容易得出一个看似陌生实则很熟悉的结论：谁

先出牌（折中）谁先死。

结论：谈判是可以折中的，但要尽量让对方先出牌。当对方提出折中的时候，我们仍然坚持，这样就掌握了更多的主动权——因为对方让了步，我们却什么也没有承诺过，这表明对方是可以让步的，证明对方前期的坚持是虚而非实的。

30

交换策略

李海：我们的经济困难暂时可以拖一拖了，我太太是坚决不同意这样卖的。

商人：那这样吧，我出40万元，你把你们家老房子那张旧床给我，你们也没用，我拿来修整修整放到别人的会所里，平时我从来不做这类生意的，可是僵到现在了，我也算在生活上帮你一点忙。

李海：（似乎有点动心，但又觉得还是低了点。）

谈判中如果谁也不肯折中，怎么办呢？又不能让步，但也没有别的策略。于是我们想问一个问题：谈判中究竟能让步吗？

其实，谈判就是一个让步的艺术（或称妥协的艺术）。谈判中一味地坚持会让谈判随时失败。那该如何让步呢？这时候，谈判最经典的一句话呈现在我们的面前：让步可以，除非交换！交换的往往是别人可能无关痛痒但对我们却有着比较大的意义的东西（有时候哪怕是象征意义）。

"我们让步是可以的，不过你们把付款方式改一下！"

"我给你背包可以，不过晚上请我吃饭。"

"孩子，爸爸给你买东西可以，不过得考试90分以上哦。"

商人正好利用这个策略，希望能够打破谈判的僵局，而且这个策略也不会让李海觉得太离谱——床是自己不用的旧床，而加价却是实实在在的。

在工作、生活中，很多人长期失败大多都跟不会交换有关。

在现实生活中，要求员工在职业上忠诚很难，其实夫妻间要相互忠诚也不容易。为什么儿子、女儿管不了了？为什么我们的员工管不住了？这个问题反思一下，就会得出一个结论：要想员工职业忠诚或者夫妻和谐，我们要懂得以下两点：

我们必须以爱为基础，在物质和精神上不断付出来成就彼此。但是，如果对方触碰了原则性问题，让步可以，不过必须交换。

条件交换是谈判中最重要、最根本的策略。谈判中什么策略都可以忘记，但这句话必须牢记。因为：

（1）条件交换证明我方最初开的条件是实的，没有水分。

（2）条件交换证明我方是很有诚意合作的。

（3）条件交换让对方每每要求更多都要付出额外代价，因此不会得寸进尺。

31

从深度遛马到分食策略

李海：光这件古董40万元的话，我觉得还靠谱一点。你要得太多了！

商人：我主要为大家考虑，都付出这么多时间，你看呢？

李海：我40万元卖给你，你拿出去光古董就能卖个百十来万，还有床，弄弄也值一些钱，那你赚这么多，多分一点给我们帮帮困也不为过啊，前辈。

商人：差不多就这样定了吧，床你们先给我去整修一下，拿去当假古董摆摆。你这个真古董我过段时间再来拿，如何？

李海：我得去跟太太商量一下。

商人：李海，爽快一点！

李海：我，我，真是不行啊！

谈判是一场信息战，更是一场心理战，归根结底是一个博弈的过程。在信息不完全明了的情况下，考验的就是心里的一份坚持。因此“遛马”这一消耗对方意志的过程是一场鏖战，是需要再三使用的策略。

第一，要求我们不断地坚持，坚持，再坚持。

第二，需要我们不断地搜集新的各类信息，以便随机应变。

第三，随机应变得有策略，于是，红脸白脸、请示领导、三步骤这些词语又浮现在我们面前。这里，我们再学习一个蚕食策略的变种：分食策略。

分食策略——如果全部合同不能谈下来，那就先谈一部分，这样对方即使觉得吃亏，也不多，更容易接受。

“如果你觉得买100件太贵，那这次少买一点，先试试。”

“一下子让你全部接受有困难，那我们就先开始第一步吧！”

“你现在答应我做男（女）朋友有困难，我们就先做普通朋友吧！”

分食策略能让对方感觉“不那么痛”，类似“温水煮青蛙”。我们先伸出一只手让对方感受一下：它是温暖的还是冰冷的。对方一旦合作了，我们就与竞争对手拉开了差距。合作之后再推进，所需的力量就比竞争对手少了很多——车已经启动了，后面再也不需要启动时的动力了。

需要记住的是，当对方答应我们分食之后，我们就可以展开下一轮的分食了，这时候，对方的防备意识往往较之前减轻了很多。

32

让步策略

商人：李海，这事儿我都被你弄怕了。

李海：前辈，快别这样说。我实在是不能这样便宜卖啊，否则家庭都要有矛盾了。

商人：我再加一点点，45万元，附加上那张床。如果再不行，我们这辈子再不见面了，太难为情。

李海：呵呵，你也别为难我……

前期课程我们已经讲过了让步的策略，要特别地谨记。

33

反悔策略

李海：你还能加多少？

商人：这是最高限。

李海：你知道吗，我们的床别人也是跟我们买过的，我们没想卖。

商人：你们拿着没有用，烂也就烂了，不值钱。

李海：这倒是你认为的。我朋友也懂这个。

商人：那最多46万元，不过，要立即搬走。

李海：那不行啊，太低了。

商人：那我总共只出45万元，你爱卖不卖，我也没办法了。

李海：……

一旦我们开始让步的时候，对手立即进入反攻的蚕食状态，探底动作一浪高过一浪，准备一探到底。

我们应该怎么办呢？——阻止。采用什么手段呢？——反悔！

对方：你们让这些步是不够的……

我方：请贵方不要提出更多的要求好吗？我们实在已经到达底线了。

对方：你们必须再让步5%。

我方：如果您提这样的要求，恐怕刚才让给您的都得收回来，因为领导们刚才同意的让步本来就是有条件的，你们不光没有给出相应条件，反而一再要求。（反悔）

反悔策略能让对方感受到我们阻止进攻的意愿。

特别提醒：反悔是不能用在重大事情上的，否则会把对方激怒，让谈判陷入僵局。

最典型案例：

（1）热恋当中的男女，如果一方突然提出分手，另一方一般都会有过激行为。

（2）夫妻吵架时，一方动不动就提出离婚，这也是谈判中的重大反悔，是容易导致婚姻破裂的。

那反悔应该如何操作呢？我们可以反推出结论：那就是只能做一些小的反悔，目的在于告诉对方："你们不要得寸进尺，我们已经让到底了！"

34

谈判成交

李海：那我再回去跟太太商量一下，你也别生气。（请示领导）

商人：好，等你的消息。

（商量后）

李海：我们同意你的46万元价格，但条件是必须一次性付款，现场结清。

商人：嗯——嗯——好吧，算我帮你们一回，在外可不要乱讲！

经过一轮或几轮的谈判，双方达成了共识，获得了各自的利益，需求得到了满足，这时就需要把双方所谈的事情确定下来。无论是口说为凭，还是立下字据，都需要确定下来，给双方一个确定的结果。一个是对先前谈判的总结，另一个是便于展开日后的工作。你承诺的事情你去做到，我承诺的事情我去完成。当然，更多的情况是把谈判的结果落在纸上，签个协议，白纸黑字显示了它的力量。在签约的关键时刻，不要让胜利冲昏头脑，也不要认为大家皆大欢喜，签约只是个形式，不会有问题，而忽略签协议，或签协议时粗心大意、敷衍了事。

谈好的事情用协议的形式定下来，对彼此是个保证。

语言文字对人的情绪有相当大的影响，你可以说：“经过这几天咱们双方的努力，尤其是贵方的努力，那么多的矛盾，咱们都一一化解了，最终形成了这么两份东西，这些东西是我们双方谈论的内容落实下来的结果，你看看还有什么需要改动的地方。”

“如果没有的话，那咱们就把它确定下来，你在这儿签上你的名字，我在这儿签上我的名字，这个事就算确定下来了。”

这样一说，不急不躁，有理有节，而且是站在对方的角度，对方一般会顺势把字签了。

经过冗长激烈的谈判，终于达成了共识，到了双方要签约时，就好像刚结婚的男女，沉醉在蜜月期里，什么事都美好得不得了，都认为不会因为一些小事造成双方的不愉快。有人认为，既然签订合约是商场上不能免俗的既定过程，随便签一下，就当作一种程序罢了，如果在字里行间太过于要求，反而显得心胸狭窄，吹毛求疵。然而谁能预料到将来各自面对庞大的利益万一出现问题时，会不会再回想起签约时水乳交融的感情？

我们不也常说，要“先小人，后君子”吗？宁可事前大家先暂时把刚刚建立起来的交情放一边，认认真真把所有可能发生的问题思索一遍，想出种种避免问题发生的方法，以及双方在各种情况下，所应承担的义务，一条一条详详细细写下来，这不仅是在以后发生问题时，有个约定的解决方式，也是双方日后在进行工作时，所有的行为依据。

在讨论权利义务时，双方能够坦诚地面对所有的问题，也是一种诚意的表现。

中国字很有意思，很有学问，比如说“得”“应”“可”这三个字在合约中经常出现，日后会发生争执的也常是这三个字。当合约里写着某一方“应”在某种情况下如何如何时，这表示必须这样做，不这样做就是违反了合约。但这个“应”字改成了“得”或“可”，意思就整个变了，变成可做也可不做，完全失去了约束的力量。

另外，草拟合约书的一方，总是把自己的权益先做好保护的工作，会很习惯地把自己应负的责任，用避重就轻的字眼来描述。至于对方应尽的义务，则写得极为严谨。如果另一方在看合约书时，觉得双方的权利义务，事实上就是那么一回事，只要写明白了就好。至于使用什么样的文字来描述，应该不是很重要，随便就同意了。万一到了要对簿公堂时，起草合约的一方，早就有备无患立于不败之地，等着对方出招，而另一方却要费尽心思，绞尽脑汁在合约书的字里行间寻找脱困的方法。我们就遇见过一份合约在第一次讨论时，某项条款明明用了“应”字，几天后，到了双方要签字时，突然发现那个“应”字不知道在什么时候变成了“得”字，这样一改，这份合约对我们来说，完全失去了意义，变成对方可以随意向我方提出任何要求，而我方却完全处于被动地位。

这种暗地里偷天换日的做法，固然不够光明磊落，而我们也不想把这件事挑明了说，让对方觉得颜面无光下不了台。我们从资料袋里抽出前一次的合约书，然后很轻松地向对方说：还是把这个“得”字换回原来的“应”字吧。对方看我们拿着上次讨论过的合约，不好意思再说什么了。

在签合约时，除了在文字上谨慎、字斟句酌外，还要注意以下几个事项：

签约的地点要写清写全。这叫作法律的适用性，什么意思呢？就是说在哪里签约，将来万一发生争议，解决争议所适用的法律就是签约地所在国家或地区的法律。比如你在中国签约，那么这个协议的内容就受中国法律的约束。

签约人要明确。在签约时，签约的人是否具备行为能力，有没有签约的资格，也就是说有没有能力承担得起签约的责任，所签的责任是否有效。

近几年的管理科学有很大的进步，有一句“细节决定成败”的话，变得很流行。这句话真的很重要。在谈判的过程中，有时无法顾及的细节，在合约书里一定要仔仔细细地考虑，慎重地把它转化为文字，稍有不慎，日后除了烦恼不断之外，还有可能造成整个生意的失败。

俗话说：行百里者半九十。要走100里路，到了90里时，还是只能算是走了一半，因为最后关头，往往才能决定一切。

要想在谈判中达到双赢的目的，千万不要忘了在谈判完成之后，主动向对方致敬道贺。每次我们在与对方公司签约时，都会记得向对方致敬道贺，有时还热情地拥抱，开心得不得了，日后再碰面时，还是一样充满了感激和热情。

当你完成谈判后，无论你认为对方在谈判中表现有多糟糕，都应该祝贺他们。你可以说："哇！在谈判中你表现得多么出色啊，我以为不能得到这么好的生意呢。但是坦白地说，很值得。因为我学会了有关谈判的很多东西，你表现得太精彩了。""您实在是非常优秀，能够与您做生意实在感到非常的荣幸，从您身上我学到了非常多的东西，真的非常感谢您。"你要让对方感觉到虽然在某方面输了谈判，但在另一方面也赢得了谈判。

优秀的谈判专家、以双赢优势谈判为原则的谈判高手总是想让对方认为他们赢得了谈判。让对方了解，对方的谈判工作富有价值，对方的谈判技巧高超。他们不会耻笑失败一方，不会向对方落井下石。

还有一点很重要，在谈判结束后，千万不要以为生意谈成了，就可以忘了以前的一切。要知道，经过这次谈判，要能够再继续交往下去，不仅生意会做得更多，而且会成为很好的朋友。

经过谈判，生意完成了，又交了一个好朋友，固然很可喜，但还有一件事，千万要注意。很可能某一天两人相约一起去打高尔夫球，在打球的过程中，对方说："我们现在已经是很好的朋友了，能不能请问你一个问题，上次的那笔生意，你们公司的底价到底是多少？我有没有用最优惠的价格买到你们的产品？”

这时千万不要因为两人已经成了朋友，而且那场谈判赢了，一时得意，哈哈大笑：“我都不好意思说，既然你问了，我就告诉你，如果你的谈判技巧再好一点，再多坚持一下，我就会再便宜你10万元。”如果这样回答，对方一听不当场气得昏倒才怪，以后朋友也不用再交了。

你应当这样说：“我都不好意思再说起这件事，和你们做了这笔生意，差点被你们害死，在我们所有卖出去的产品里，就只有你们这一笔交易，价钱最低，你实在太会谈生意了，以后我还要向你学习。”对方一听这话，非但乐在心里，以后还会很喜欢再找你一起打球，而且还有更多合作的机会。自己的底价对客户来说，永远是一个秘密，这并不是欺骗对方，说不定还是为对方保留一些面子呢。

在合作或买卖完成之后，千万不要再提起当时的谈判过程，不要说“我当时应该再坚持一下，或许你会把价钱再多降一些”之类的话。

这也有一个实际的例子：

大约在100年前，有一宗当时被称为全世界最大的并购案，就是银行家摩根并购了钢铁大王卡内基的钢铁公司，引起了全世界的瞩目，最后卡内基以4亿美元把钢铁公司卖给了摩根。

一段时间以后，卡内基与摩根在一艘游轮上一起度假，卡内基对摩根说：“这场并购的生意谈得很愉快，但是我现在有一点点后悔，早知道这么容易成交，我当时应该向你多要1亿美元。”

那个时代的1亿美元，几乎等于现在的10亿美元。任何人都会认为摩根会说：我付了4亿美元，只是拿到一家钢铁公司，怎么可能再多给1亿美元？我还想只给你3亿美元呢！而摩根偏偏说：“对，如果你那时开口的话，现在你银行的户头里就会多出1亿美元。”卡内基先生一听，差点当场吐血。

也许他们两人已经成了很好的朋友，这些话当作开玩笑在说，也可能是摩根买了卡内基的钢铁公司之后，有些不爽，找到机会想要气一气卡内基也说不定。

举这个例子只是增加学习谈判时的一些乐趣，当我们觉得谈判不见得一定要弄得那么严肃，也可以变得轻松有趣时，就会很自然地去用这些谈判的技巧。

千万不要在生意谈完时因为太开心了，而露出得意与炫耀的笑容，俗话说：不是朋友不做生意。有时不是朋友，在做过生意之后，也会变成朋友。总之还是先要有交情之后，才能放心做生意，要怎么样才能变成朋友呢？就是在适当的时候，在不违背自己立场的情况下，略施一点小惠，给对方一些想要的东西。无论是实质性的东西，还是口头上的恭维，都能为这场谈判画上一个圆满的句号。

有些基层人员觉得很奇怪，不管我怎么努力，为什么总有些事就是做不好，可是公司老总一出面，三言两语，问题立刻解决。原因其实很简单，因为高层主管有比较强的磁场，有比较多的力量。

商场上与人第一次见面，都会先交换名片，名片上除了自己的名字之外，还有工作职位头衔，这个头衔的高低，就代表了他拥有什么样的“地位”。如果是企业的董事长，那就是公司里职位最高的领导者，什么事他都有决定权；如果是一名科长，那他就有许多事要去请示上级。只要你有头衔，就不要客气，也不要嫌多，应该都把它印在名片上。

遇到要谈事情的时候，最好把对方约到自己的公司来，这是一种气场。到别人的地盘去谈判，就落入被动的状态。在体育比赛里，有一个叫作主场优势的名词。什么是主场优势？就是别的球队到自己的球场来打球。在自己的球场里打球，有自己的啦啦队加油，球员对环境都很熟悉，更重要的是主场里所有熟悉的一切，让自己的球员都很习惯，这就减轻了压力，打起球来就会很顺手。

谈判也是一样，一个人单枪匹马去别人的公司谈判，独自坐在偌大的会议室里等人来，这种感觉就已经让人感觉浑身不舒服，想喝口水，也不知道水在哪里；要上洗手间，也找不到。不到一分钟，整个人的气势就已经消了一半。潜意识里，害怕失败的恐惧越来越强烈。等到正式要谈判时，哪里还有什么气势和力量来应对？

同样的道理，等到要用餐时，要到自己所指定的餐厅去，如果餐厅比较远，需要开车，那也要请客人坐自己的车，总之要把主场的优势发挥得淋漓尽致。

一个人的头衔能够决定他拥有多少气场，但也不一定每一种头衔都可以提升他的气场。

如果学习了谈判，知道了沟通是解决人际问题的关键，心态上就不一样了，不论在什么情况下，生意都要靠谈判才能达成。气势固然可以震慑住人，但想到买卖双方都是站在绝对公平的地位上，不管对方用什么样的方法，提高自己的地位与气势，都不比我们高半分，不要被对方的头衔或权力吓倒。

谈判的气场有高有低，谈判者的分量有高有低。你在我心目中有多重要，有多少分量，我心里知道；我在你心目中有多重要，有多少分量，你心里也知道。谈判顺不顺利，在很大程度上取决于你在对方心目中究竟有多大的气场，有多重的分量。你的气场高，分量越大，你就越有高度，你越有高度，你的谈判就越容易。